거실공부의 마법

ATAMAGAIIKONOIENO LIVING NIWA KANARAZU "JISHO" "CHIZU" "ZUKAN" GA ARU
by Daisuke Ogawa
Copyright © Daisuke Ogawa, 2016
All rights reserved.
Original Japanese edition published by Subarusya Corporation
Korean translation copyright © 2018 by ACE CONPRO, Inc (keystonebook)
This Korean edition published by arrangement with Subarusya Corporation, Tokyo, through HonnoKizuna, Inc., Tokyo, and BC Agency

이 책의 한국어판 저작권은 BC에이전시를 통한 저작권자와의 독점 계약으로 키스톤에 있습니다.
저작권법에 의해 한국 내에서 보호를 받는 저작물이므로 무단전재와 복제를 금합니다.

키스톤은 ㈜에이스컨프로의 단행본 브랜드입니다.

오가와 다이스케 지음
이경민 옮김

우리 아이 **평생 공부 저력**을 키워주는 결정적 공부법

거실 공부의 마법

키스톤
KEYSTONE

저자의 글

놀고 즐기는 사이에 쌓이는 지식, 공부 저력의 바탕이 됩니다

이 책의 제목만 보고 '도감, 지도, 사전을 거실에 두라니! 그럼 아이를 쉴 새 없이 공부시키라는 소리인가?' 하고 생각하는 분이 계실지도 모르겠네요.

저는 입시 전문가이자 학습 전문가입니다. 주로 명문 사립 중학교에 입학하기를 희망하는 아이와 부모들을 상담하고 있습니다. 그래서인지 교육 관련 잡지에서 인터뷰 요청이 많은 편인데, 그때마다 학습 전략을 종종 소개하지요. 일본의 모 방송국의 버라이어티 프로그램에 '카리스마 선생님'으로 등장해 출연자들의 답안을 가차 없이 채점하는 모습도 자주 보여주었지요. 그래서 이 책을 '엄격한 학습 지도서'로 오해하실까 봐 살짝 걱정이 되네요.

사실 이 책은 '엄격한 학습지도서'와는 정반대의 성격을 띱니다. '공부'가 아니라 도감, 지도, 사전을 이용해 마음껏 '놀고' '즐기는' 방법을 부모와 아이들에게 제안하는 책이거든요. 제 말이 역설적으로 들릴 수도

있지만, 그 방법이야말로 아이의 공부 저력을 키워주는 바탕이 되기 때문입니다.

 그동안 총 1만 건 이상의 학습 및 진학 상담을 해오면서 안타깝고 안쓰러울 때가 참으로 많았습니다. 아이들이 '공부'라는 틀에 갇혀 지식을 주입식으로 익히고 있다는 사실을 알게 되었거든요. 그 아이들은 '하지 않으면 안 되니 해야 한다'는 마음으로 억지로 공부하고 있었습니다. 그렇다 보니 몰랐던 사실을 알게 되면서 얻을 수 있는 기쁨과 성취감은 느끼지 못하지요.

 그뿐이 아닙니다. 학습 능력은 공부한 만큼 향상되지 않았습니다. 저학년 때는 무조건 외우는 식으로 공부하면 그럭저럭 좋은 성적을 낼 수 있지만, 고학년의 학습 과정은 암기만으로는 해결되지 않기 때문입니다. 그런 이유로 고학년이 되면 성적이 갑자기 떨어지고 학습 의욕이 무너지는 아이들이 늘어납니다.

그 아이들을 보면서 저는 이런 생각을 했습니다.

'어린 시절부터 아이의 지적 호기심을 키워서 아이가 즐기면서 다양한 지식을 자기 것으로 만들 수 있다면 얼마나 편할까?'
'아이가 어릴 때부터 도감, 지도, 사전과 친해지게 만들면 어떨까? 아이가 그걸 공부를 위한 도구가 아니라 장난감처럼 가지고 논다면 아이가 성장한 후 그것들이 얼마나 든든한 아군이 되어줄까?'

바로 이 생각들이 이 책을 집필한 동기가 되었습니다. 그리고 도감, 지도, 사전의 활용은 한 아이의 아빠이기도 한 제가 실천하는 교육 방식이기도 합니다. 저는 일상생활에서 엎드려 누운 채로 아이와 도감을 펼쳐 보기도 하고, TV에서 나온 말을 아이와 함께 그 자리에서 찾아보기도 하거든요. 도감, 지도, 사전을 활용하며 아이와 함께 노는 것이죠. 아이에게 공부라는 압박감을 주지 않고 말입니다.

사실 이 방법은 제가 창안한 독창적인 방법이 아니라 제가 어린 시절에 교육 받은 내용입니다. 우리 가족들은 거실 테이블에 모여 앉아 이야기를 나누곤 했는데요. 만약 주제가 '할아버지의 추억 여행담'이라면 할아버지는 지도를 펼치고는 그 시절의 여행 경로를 설명해주셨습니다. 또 어떤 날에는 엄마가 같이 〈야생의 왕국〉이라는 동물 관련 TV 프로그램을 보다가 "시베리아호랑이가 호랑이 중에서 가장 크죠?"라고 물으면 아빠는 도감을 가져와서는 호랑이의 종류가 해설된 페이지를 펼쳤지요.

어린 저는 그렇게 어른들과 대화를 즐겼습니다. 돌이켜보면 공부가 되는 내용들이었지만, 압박감 따위는 느낄 수 없는 즐거운 추억으로만 남아 있지요.

　도감, 지도, 사전은 날로 질이 좋아지고 있습니다. 시각적으로 눈에 쏙쏙 들어오게 구성되어 있고, 아이의 흥미를 끌 요소도 많고, 다루는 주제도 다양합니다. 어른이 읽어도 충분히 만족스러울 정도입니다. "내가 어렸을 적에 이런 게 있었다면!" 하는 말이 절로 나올 만큼입니다. 이렇게 훌륭한 자료들은 반드시 이용해야겠지요!

　도감, 지도, 사전을 보면서 자녀와 함께 신기해하고, 새로운 발견에 놀라고, 그것이 주는 즐거움에 빠져보세요. 도감, 지도, 사전을 가지고 놀면 놀수록 아이의 지적 호기심과 공부 저력이 쑥쑥 성장하는 걸 몸소 느낄 수 있을 겁니다. 저는 이 책이 그러한 즐거움을 효과적으로 전달할 수 있을 것이라고 자부합니다. "재밌어!"라는 아이의 감탄사가 쌓이는 만큼 아이의 지적 호기심이 폭발하고 미래가 전 방위로 열리는 설렘을 느끼실 겁니다.

오가와 다이스케

감수자의 글

"엄마, 심심해"엔
도감, 지도, 사전으로 응답하세요

"엄마, 심심해!"

제 아이들이 어렸을 때 가장 많이 들었던 말이랍니다. 함께 놀다가 혼자서도 잘 노는 것 같아 집안일을 하려고 막 뒤돌아서면 벌써 뒤통수에 이 말이 꽂히곤 했지요. 그래서 항상 아이들과 어떻게 시간을 보내야 할지, 무얼 하며 놀아야 할지를 고민했습니다.

그때 많은 도움이 됐던 것은 인터넷에 올라온 엄마들의 경험담이었어요. 항상 심심해하는 아이들 때문에 저는 거의 '아이들과 놀기'를 검색했는데, 이 책을 감수하고 추천할 책들을 찾으면서 '내가 아이들을 키울 때 이런 책이 있었다면 불면의 밤을 조금은 줄일 수 있었겠다' 하는 생각이 들었습니다.

전업주부이건 워킹맘이건 아이들과 무얼 하며 시간을 보낼지는 고민이고 숙제처럼 느껴질 거예요. 그래서 재미있는 시간을 보낸 날은 조금은 뿌듯하고 무엇보다 즐거워하는 아이들을 보며 덩달아 기분이 좋아지기

도 하지요. 그런 점에서 이 책은 아이와 함께 보내는 시간을 재미있고 알차게 채울 수 있도록 도와줍니다.

이 책을 즐겁게 활용하기 위해서는 두 가지 당부 사항을 꼭 기억하셔야 합니다.

첫째, 여기서 소개하는 방법들을 부담감을 가지고 대하지 않았으면 합니다. 아이들은 부모가 의무적으로 놀아주는지, 정말 즐거워서 함께하는지를 본능적으로 알아차리거든요. 그러니 '마음 편히 놀다 보니 몰랐던 사실을 알게 되고 아이와도 즐거운 시간을 보내게 되는구나' 하는 생각으로 여유 있게 이 책을 활용하면 좋겠습니다.

하루하루 숙제하듯 하는 것도 추천하지 않습니다. 그렇게 되면 조급해진 마음 때문에 즐겁게 시간을 보낼 수 없거든요. '오늘 못 했으면 내일 하면 되지' 하는 마음으로 시작해보세요.

둘째, "전에 읽었는데 왜 기억을 못 해?"라거나 책 내용을 기억하는지를 알아보려고 시험 보듯 물어보지 마세요. 그러면 아이들은 생기려던 흥미마저 꽁꽁 감춰둘 수 있거든요.

박물관이나 미술관을 가면 안내문을 읽어주며 아이가 이해했는지를 재차 묻는 엄마들을 자주 보는데 참 안타깝다는 생각이 들어요. 아이들에게 가르쳐준다는 생각보다는 같이 책을 보고 지도를 보며 함께 알아가다 보면 엄마 자신도 많이 성장하게 되거든요. 저의 경우는 학창 시절에 지리, 역사, 과학 같은 과목은 잘 외워지지 않고 재미도 느끼지 못했는데 아이들과 책을 보다가 '내가 학교에 다닐 때도 책이 이렇게 재미있었다면 내가 역사를, 과학을 좀 더 잘했겠다' 하는 생각이 들곤 했어요.

제가 책을 추천하면서 기준으로 삼은 우선순위는 목적에 부합하는 책, 가급적 최근에 출판된 책, 전집보다는 가능한 낱권으로 구입할 수 있는 책입니다. 물론 전집으로 구매해서 아이들이 골고루 보면 좋겠지만 대부분의 아이들은 자신의 관심 분야와 관련된 책 몇 권만 계속해서 보는 경우가 많아요. 그런 경우 비싼 전집을 제대로 활용하지 못하는 것 같은 생각에 왜 책을 안 보냐고 아이를 다그치게 되더라구요. 그러니 일단은 도서관에 가서 몇 권을 보고 아이가 특히 흥미를 느끼거나 좋아하는 분야는 나중에 따로 구입하는 게 좋습니다. 플랩북, 팝업북도 도서관에 있는 책은 여러 사람이 빌리다 보니 찢어지고 파손된 책들이 많아요. 그러니 좋아하는 책은 구입하길 권합니다.

추천도서 중에는 절판된 도서들이 있어서 고민했지만, 비록 구입할 수는 없어도 도서관에서 빌려 보거나 중고로 구입할 수는 있어서 빼지 않고 넣었습니다.

    요즘 '카페인 우울증'이라는 말이 있다고 해서 그 의미를 찾아보니 카카오톡, 페이스북, 인스타그램에 올라온 다른 엄마들의 사진을 보며 나만 뒤처지는 건 아닌지, 나만 궁상스럽게 사는 건 아닌지 하는 생각에 우울해한다는 내용이었어요.
    저도 아이들을 키울 때 아이가 학교에서 무얼 배우는지, 이번 시험은 몇 단원까지 보는지, 수행평가는 무얼 준비해야 하는지 등 주르륵 꿰고 있는 엄마들을 볼 때마다 상대적으로 난 참 모자란 엄마구나 생각하고 반성하며 따라 가려고 했어요. 하지만 저는 성격상 그게 잘 안 되더라구요. 지금 돌이켜보면 제가 아이들에게 사사건건 간섭하고 가르치려 했다면 아이들이 지금처럼 주관이 뚜렷하고 혼자서도 잘해내는 사람이 되지 못했을 것 같다는 생각이 들어요.
    '누가 뭘 해서 좋았다더라'는 이야기를 듣고 그대로 따라 해도 같은 결과가 나오기는 어렵습니다. 아이가 다르고 환경이 다르기 때문인 것 같아요. 요즘은 인터넷에도 정보가 넘치고 육아 관련 책도 정말 많지만 여러 자료를 읽고 참고는 하되 우리 아이가 좋아하는 것, 흥미 있어 하는 것이 무엇인지를 파악하고 함께 즐기면서 우리 아이에게 맞는 방법으로 육아를 하시길 바랍니다.

책쟁이엄마, 정미현

차례

저자의 글 놀고 즐기는 사이에 쌓이는 지식, 공부 저력의 바탕이 됩니다 _ 4
감수자의 글 "엄마, 심심해"엔 도감, 지도, 사전으로 응답하세요 _ 8

1장 그 집 아이가 똑똑한지는 거실만 봐도 안다

●●● **똑똑한 아이가 되느냐 마느냐는 가정환경이 열쇠** _ 20
  '무엇을 하느냐'보다 중요한 것은 '어떤 환경에 있느냐'이다 _ 20
  거실에 놓아둘 지적 아이템 3종 세트 _ 22
  아빠의 의학 서적을 책장에서 꺼내 읽는 아이 _ 24

●●● **도쿄대 학생의 절반 이상이 거실에서 공부했다** _ 26
  '아이에게 공부방을 만들어주는 편이 좋지 않을까?' _ 26
  거실은 부모의 눈과 목소리가 닿는 장소이다 _ 28

●●● **자연스럽게 지적 호기심을 싹 띄우자** _ 30
  단순한 질문 "이건 뭐야?"를 놓치지 말자 _ 30
  소파에 드러누워서도 바닥에 엎드려서도 OK! _ 31
  '놓여 있다'와 '없다'의 차이는 크다 _ 33

●●● **부모와 아이가 함께 즐기는 게 비결** _ 36
  스스로 들춰보게 될 때까지는 시간이 걸린다 _ 36
  '같이 할까?'의 마력 _ 37
  '여기에는 재미있는 게 실려 있다'고 생각하게 만들자 _ 39

●●● **학교 밖 공부가 아이를 성장시킨다** _ 40
  정말 똑똑한 아이는 박식하다 _ 40
  도감, 지도, 사전을 '장난감'처럼 가지고 놀자 _ 42

●●● **도감, 지도, 사전을 보여주는 시기는 빠를수록 좋다** _ 45
  두꺼운 도감을 '읽어달라'며 가져오는 두 살배기 _ 45
  눈에 익히는 것만으로도 든든한 미래를 보장받는다 _ 47
  빨리 시작할수록 여유가 생긴다 _ 50

2장 도감, 지도, 사전은 학습 능력을 끌어올리는 마법의 아이템

• • • **왜 꼭 도감, 지도, 사전이어야 할까?** _ 54
'받아쓰기와 계산 연습을 해야 하는 건 아닐까?' _ 54
명문 학교는 통합형 인재를 원한다 _ 56
도감과 지도를 가지고 놀던 경험은 언젠가 진가를 발휘한다 _ 59

• • • **도감은 지식을 늘리는 최강의 시각적 도구다** _ 61
시각적 자극을 통해 효과적으로 각인시킨다 _ 61
즐겁게 이야기 나누다 보면 아이의 언어 능력까지 자란다 _ 62
지식과 관심의 영역이 즐겁게 넓어진다 _ 64

• • • **지도는 아이의 세계를 넓혀주는 도구다** _ 67
작기만 했던 아이의 세계가 무한대로 확장된다 _ 67
추상적 사고 능력이 높아진다 _ 69

• • • **사전은 말의 이해를 높이는 도구다** _ 71
아이는 말의 의미를 확실히 모른 채 넘어가는 경우가 많다 _ 71
인터넷 검색보다 종이 사전이 더 좋은 이유 _ 73

• • • **도감, 지도, 사전의 혼합 활용으로 사고력이 극대화된다** _ 76
도감과 사전에서 지도로! _ 76
'자동 운전' 스위치가 켜지면 아이는 알아서 똑똑해진다 _ 78

• • • **우리의 일상에는 배움의 기회가 넘쳐난다** _ 81
마트에서도, 길을 걸을 때도 배울 것 투성이 _ 81
아이의 '이게 뭐야?'는 도감, 지도, 사전을 펼쳐야 한다는 신호 _ 82
마법의 대답 '재밌네', '어머, 어떻게 알았어?' _ 85

• • • **부모의 적절한 호응이 흥미의 폭을 더욱 넓힌다** _ 88
특이한 새를 보았다면 집에서 도감을 보는 기회로 삼자 _ 88
여행은 아이의 지식을 탄탄히 하는 좋은 학습 수단 _ 91
요괴 애호가에서 생물 박사로 _ 92

차례

3장 아이의 지식이 무한대로 늘어나는 도감 활용법

••• 어떤 도감을 골라야 할까? _ 96
도서관에 가자 _ 96
아이가 눈을 반짝이는 찰나의 순간을 놓치지 말자 _ 98

••• '필요하다'와 '필요 없다'를 부모의 기준으로 판단해서는 안 된다 _ 100
여자아이도 곤충 도감을 좋아할 수 있다 _ 100
'또 공룡 도감이야? 집에 이런 거 있잖아!'라고 말하지 않기 _ 102

••• 여유를 가지고 단계적으로 접근하자 _ 104
시작은 익숙한 것부터 _ 104
그림책으로 도감에 눈 뜨기 _ 106
• 책쟁이엄마의 추천도서 _ 108
1단계: 익숙해지기–그림책부터 시작하자 _ 112
• 책쟁이엄마의 추천도서 _ 113
2단계: 즐기기–도감을 가지고 신나게 놀자 _ 121
THE 도감 유형 _ 121
• 책쟁이엄마의 추천도서 _ 122
Q&A 유형 _ 124
• 책쟁이엄마의 추천도서 _ 126
비주얼 백과사전 유형 _ 130
• 책쟁이엄마의 추천도서 _ 131
도감을 즐기는 방법 _ 133
3단계: 깊어지기–만물박사가 된 우리 아이 _ 137
• 책쟁이엄마의 추천도서 _ 138

[COLUMN] 외출할 땐 휴대용 도감 활용하기 _ 142

4장 지도로 아이의 세계가 몰라보게 넓어진다

- **지도를 무조건 거실에 붙여야 하는 이유** _ 146
  - 스쳐 지나듯 보는 사이에 전국 시도가 머릿속에 새겨진다 _ 146
  - 지도를 붙이는 가장 좋은 위치는 아이의 눈높이 _ 148

- **시작은 간단한 지도부터** _ 151
  - 행정구역만 나와 있는 기본 지도로 시작하자 _ 151
  - 욕실에 지도를 붙여놓으면 목욕 시간도 유용한 기회가 된다 _ 152

- **지도를 볼 수밖에 없는 분위기를 만들자** _ 156
  - 지도를 활용할 수 있는 무적의 대화법 _ 156
  - 어린이 신문도 좋은 교재다 _ 159

- **놀다 보면 지도와 사랑에 빠지는 시크릿 아이템** _ 161
  - 즐겁게 놀다 보면 어느새 지도의 매력에 풍덩! _ 161
  - 미로나 주사위 놀이도 훌륭한 지도이다 _ 162
  - 지도의 친척, 안내도와 가이드북 _ 164
  - • 책쟁이엄마의 추천도서 _ 165

- **지구본만큼 아이를 똑똑하게 만들어주는 도구는 없다** _ 167
  - 지구본은 '입체적'으로 세계의 모습을 알려준다 _ 167
  - 아이 혼자서도 들고 다닐 수 있는 지구본을 고르자 _ 170

- **지구본이 있어야 할 자리는 TV 옆이다** _ 172
  - 언제 어디서나 바로 볼 수 있는 자리가 좋다 _ 172
  - 지구본으로 할 수 있는 놀이 _ 174
  - 지구본은 이과 과목을 거부감 없이 받아들이게 한다 _ 175

- **지도책으로 상상력과 글로벌한 흥미를 자극하자** _ 178
  - 세계 속의 나를 파악할 수 있다 _ 178
  - • 책쟁이엄마의 추천도서 _ 180

[COLUMN] 디지털 지도도 노련하게 활용하자 _ 186

차례

5장 아이의 언어 능력을 키워주는 사전의 힘

••• 무조건 부모가 먼저 _ 190
"그렇구나!"라고 말하며 사전을 펼치자 _ 190
사전 책갑은 무조건 벗겨놓자 _ 193
영상을 같이 보여주면 더 효과적이다 _ 194

••• 우리 아이에게 알맞은 국어사전, 이렇게 고르자 _ 197
유아에게 맞는 사전 고르기 _ 197
• 책쟁이엄마의 추천도서 _ 198
글을 읽을 수 있는 유아와 초등학교 저학년용 사전 고르기 _ 199
• 책쟁이엄마의 추천도서 _ 199
말에 대한 관심이 높아진 초등학교 고학년용 사전 고르기 _ 200
• 책쟁이엄마의 추천도서 _ 201
초등학교 고학년부터 보는 사전 고르기 _ 204
• 책쟁이엄마의 추천도서 _ 205

••• 한자사전은 아이의 어휘력을 훌쩍 높이는 히든 카드다 _ 206
한자 하나로 아이의 지식이 줄줄이 늘어난다 _ 206
한자카드나 한자의 내력을 해설한 책도 유용하다 _ 207
속담사전, 백과사전, 만화로 배우기 시리즈도 구비하자 _ 209
• 책쟁이엄마의 추천도서 _ 210

[COLUMN] 사전과 친해지는 여러 가지 놀이 _ 214

6장 '관심'과 '말 건네기'야말로 최고의 학습 도우미

- ••• **부모의 말 한마디가 아이의 지적 호기심을 자극한다** _ 218
  부모가 건네는 말 한마디에 아이가 달라진다 _ 218
  '어떻게 이렇게 잘 알아?', '굉장하네!', '나도 가르쳐줄래?' _ 220

- ••• **아이의 '왜?'에 대응하는 부모의 자세** _ 223
  부모만이 해낼 수 있는 미션 _ 223
  아이가 원하는 것은 정답이 아니다 _ 225

- ••• **아이의 성격별 말 건네기 방법 완전 분석** _ 228
  아이의 성격에 따라 말 건네기 방법도 달라야 한다 _ 228

- ••• **'좋다'는 감정을 한껏 키우는 게 중요하다** _ 233
  잘하고 못하고를 논하기 전에 기억해야 할 것 _ 233
  좋아하는 일이라면 몰두하게 되어 있다 _ 235

 놓아두기만 해도 똑똑해지는
도감·지도·사전 리스트 by 책쟁이엄마 _237

1장

그 집 아이가 똑똑한지는 거실만 봐도 안다

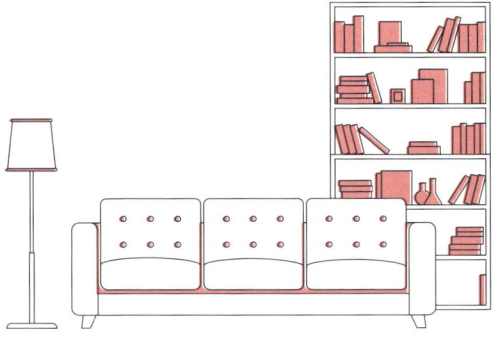

똑똑한 아이가
되느냐 마느냐는
가정환경이 열쇠

'무엇을 하느냐'보다 중요한 것은 '어떤 환경에 있느냐'이다

저는 중학교 입시를 전문으로 하는 개별지도 교실의 대표입니다. 학생들을 지도하고, 다양한 직업과 상황에 처한 학부모들을 만나 자녀의 학습 방법에 대해 조언을 합니다. 학부모들을 만날 때마다 반드시 듣게 되는 질문이 있는데 "'해두면 안심'할 수 있는 교재와 공부 방법이 무엇이냐?"입니다. 대답을 기다리는 부모의 눈빛은 진지하기 그지없습니다. '내 아이를 똑똑하게 키우고 싶다', '아이가 노력의 결실을 맺게 하고 싶다'는 바람이 절절하게 느껴집니다.

부모들의 생각처럼 아이에게 어떤 교재를 언제 주느냐와 같은 학습 타이밍과 아이에게 맞는 공부법은 매우 중요합니다. 하지만 그것은 본격적으로 공부를 시작할 때 생각해도 늦지 않습니다. 아이의 장래를 생각한다면, 아이의 나이가 어리면 어릴수록 공부법보다 더 우선적으로 고려할 사항이 있습니다. 바로 주변 환경입니다.

저는 부모들에게 교재와 공부법에 대해 알려주는 대신 이렇게 묻습니다.

"댁의 거실은 어떤 분위기인가요?"

"뭐라고 하셨죠? 거실이요?"라며 저의 질문에 당황하는 분들이 대부분이지만, 거실 분위기가 어떠냐는 질문이 제가 하는 학습 상담의 시작입니다.

제가 거실에 대해 묻는 건 거실의 크기나 구조, 혹은 인테리어를 알고 싶어서가 아닙니다.

거실에 놓아둘 지적 아이템 3종 세트

거실은 가족이 가장 오랜 시간을 함께 보내고 휴식을 취하는 소중한 장소입니다. TV를 보고, 신문을 읽고, 함께 식사하고, 빨래를 개는 등 다양한 일들이 벌어지죠. 따라서 인테리어를 할 때도 거실을 꾸미는 일에 공을 들이지요. 여러분의 거실에는 무엇이 있나요?

저와 교류하는 전문 가정교사들은 모두 입을 모아 말합니다. "아이가 똑똑한지는 그 집 거실만 봐도 안다!"라고요. 전문가가 한눈에 '똑똑한 아이'라고 확신하는 가정의 거실에는 반드시 어떤 물건이 놓여 있기 때문입니다. 그건 바로 도감, 지도, 사전입니다. 지적인 아이템의 대표 격이라고 말할 수 있지요.

똑똑한 아이가 사는 집의 거실에는 꺼내기 쉬운 장소에 지도와 지구본이 놓여 있거나, 책장에는 어른용 책들 사이에 아이용 사전과 도감이 꽂혀 있는 경우가 많습니다. 그런 환경에서 자란 아이는 공부하는 자세가 잡혀 있을 뿐만 아니라 학습 능력이 빨리 향상된다고 합니다. 저 또한 지금까지 몇 천 명의 부모들과 이야기를 해보면서 비슷한 경험을 했습니다. '가정환경이 좋구나' 하고 느낀 가정에는 늘 도감, 지도, 사전이 놓여 있었지요.

거실은 가족들, 특히 아이가 쉬고 에너지를 비축하는 공간입니다. 따라서 반드시 지적인 자극이 넘치도록 꾸며야 합니다. 거실로 대표되는 '가정환경 갖추기'야말로 내 아이를 똑똑하게 키우고 싶은 부모에게 드릴 수 있는 최고의 조언입니다.

아빠의 의학 서적을 책장에서 꺼내 읽는 아이

대부분의 유대인 가정에는 거실에 큰 책장이 있다고 합니다. 그 책장에는 아이의 책은 물론 어른이 읽는 소설이나 학술서도 꽂혀 있습니다. 그렇다 보니 아이가 책장에서 부모의 책을 꺼내서 보는 경우가 더러 있지요. 비록 그 책의 내용을 정확히 이해하지는 못해도 아이는 어른들의 흉내를 낸 것만으로 똑똑해진 느낌이 들어 신나합니다. 그렇게 책으로 뭔가를 조사하거나 새로운 지식을 얻는 것이 일상이 되다 보면 배우는 것이 참으로 즐거운 일이라는 걸 아이는 자연스레 깨닫게 됩니다. 그리고 스스로 공부하게 되어 날이 갈수록 똑똑해질 수밖에 없지요.

제가 지도한 학생들 중에 수학과 이과 과목에 두각을 나타내는 아이가 있었습니다. 그래서 아이의 엄마에게 거실을 어떻게 꾸몄는지를 물어보니 유대인 가정과 같은 환경으로 꾸며놓았더군요. 아이의 아빠가 학구열이 강한 의사인지라 거실 책장에 의학 서적을 꽂아둔 것입니다.

아이는 철이 들면서 아빠의 장서를 꺼내 영어와 독일어가 섞인 해부도나 아름다운 뼈 사진 등을 들여다보았습니다. 그러던 어느 날, 아빠의 책에서 봤던 그림을 학교 수업에서 접한 아이는 자신의 공부와 아빠의 일이 서로 이어져 있다는 사실을 깨닫고, 그 후로는 아빠의 장서를 더 자주 들여다보았다고 합니다. 아이의 엄마는 그런 환경이 아이가 똑똑해지는 데 영향을 준 것은 아닐까 조심스레 추측했습니다. 결국 그 아이는 일본에서 3대 명문으로 꼽히는 중학교에 진학했습니다.

거실은 부모가 어떤 환경을 자녀에게 주고 싶은지가 단적으로 드러나는 장소입니다. 평소 거실 책장에 안 쓰는 잡화와 장난감이 어지럽게 박혀 있는 집과 아이의 성장에 맞춘 도감, 지도, 사전, 가족들이 좋아하는 책이 꽂혀 있는 집… 어느 쪽이 아이의 장래에 더 바람직한지는 굳이 말하지 않아도 아시겠지요?

도쿄대 학생의
절반 이상이
거실에서 공부했다

-
-
-

'아이에게 공부방을 만들어주는 편이 좋지 않을까?'

많은 부모들이, 아이를 위한 지적인 환경이 중요하다면 거실보다는 차라리 공부방을 만들어주는 편이 낫지 않느냐고 생각합니다. 그래야 차분히 집중할 수 있다고요.

부모들의 우려대로 거실은 여러 가지 '유혹'이 많은 장소이긴 합니다. TV가 눈앞에 있으니 당연히 보고 싶어집니다. 주방이 거실에 딸려 있거나 주방과 거실의 구분이 명확하지 않다면 식사도 거실에서 하는 경우가 많고, 가족이 모여 간식을 먹기도 하고, 손님이 오면 거실에서 이야기를 나누게 되지요. 따라서 거실은 분명 차분한 장소는 아닐지 모릅니다.

"그러니 아이의 공부방을 따로 만들어주고 아이가 그 공간을 자신의 지적인 환경으로 익혀가는 편이 좋지 않나요?"
"일부러 도감이나 사전을 거실에 둘 필요 없이 공부방에 책장을 둬야 책도 집중해서 볼 수 있을 것 같아요!"

자녀 교육에 열정적인 부모일수록 그렇게 생각을 합니다. 하지만 공부방을 만들어줘도 초등학교 저학년까지는 그곳에서 시간을 많이 보내지 않습니다. 그래서 도감이나 사전을 많이 꽂아두어도 아이가 꺼내 보는 일이 거의 없을 겁니다. 나이가 어릴수록 더욱 그렇습니다. 왜냐하면 '부모의 관여' 없이는 아이의 지적 호기심과 의욕은 자리잡기 힘들거든요.

'거실 공부'라는 말을 들어보셨을 것입니다. 요즘 들어 주목받는 말이지요. 한 세대 전만 해도 많은 사람들이 아이에게 가장 좋은 학습 환경은 독립된 방이라고 생각했습니다. 하지만 최근 분석에 따르면 독립된 공부방보다는 거실에서 공부한 아이들이 공부를 더 잘하고 명문 중학교에 입학하는 비율이 높을 뿐만 아니라, 뒤이어 좋은 고등학교와 대학으로 진학한다는 사실이 밝혀졌습니다.

이 사실은 데이터로도 드러났습니다. 한 조사에 따르면 도쿄대 학생의 절반 이상이 어린 시절에 자기 방이 아니라 거실에서 공부했다는 답변을 했다고 합니다. 또 다른 조사에서는 거실에서 공부하던 아이가 공부방을 따로 만들어 공부한 후 60~70퍼센트의 확률로 성적이 오히려 떨어졌다고 합니다.

거실은 부모의 눈과 목소리가 닿는 장소이다

왜 하필 거실일까요? 답은 '곁에 부모가 있기 때문'입니다. 엄마가 요리하러 주방에 가더라도 거실은 바로 코앞입니다. 아이가 말을 걸면 대답을 할 수 있고, 아이가 "잠깐 와줘!" 하고 부르면 곧 와줄 수 있을 만큼 가까운 거리입니다. 아이는 퍼즐을 완성했거나 공룡을 그리는 등 뭔가를 해내면 반드시 부모에게 보여주러 옵니다. 부모에게 "굉장해!" 혹은 "잘 그렸네!"라는 칭찬을 듣는 게 기쁘기 때문입니다. 비교적 자세하게 공룡을 그린 뒤에 "흠, 잘 그렸어" 하고 혼자 만족하고 마는 아이는 거의 없습니다.

보통 아이들은 부모의 칭찬과 반응에 강하게 반응합니다. 부모에게 말을 걸었을 때 부모가 바로 반응해주면 안도하고, 자신이 뭔가 물어봤을 때 부모가 대답을 해주면 신뢰감을 느낍니다. 그리고 '또 해봐야지', '더 잘하고 싶어' 하는 의욕이 생겨납니다.

아이가 더 자란 후에도 마찬가지입니다. 자신이 오늘 얼마나 노력했는지를 부모가 지켜봐주고, 모르는 걸 물어보면 부모가 힌트를 준다는 걸 아이가 확실하게 인지한다면 아이의 의욕은 더욱 높아집니다. 그리고 그 의욕은 학습 능력의 향상으로 이어집니다.

아이에게 지적인 환경을 조성해주고 싶다면 무조건 거실에서 시작해야 합니다. 거실에 지적인 아이템을 집결시키세요! 거실이 지적인 환경으로 완전히 자리매김해 도감이나 사전 혹은 지도를 펼치는 게 자연스럽고 당연한 일이 되면 이후 거실 공부로 자연스럽게 이어져 학습력의 토대가 되지요. 미취학 자녀의 경우 초등학교에 입학한 다음에는 힘들이지 않고도 공부 습관이 자리를 잡습니다.

자연스럽게
지적 호기심을
싹 틔우자

단순한 질문 "이건 뭐야?"를 놓치지 말자

아이는 생활 속에서 많은 자극을 받습니다. 보고, 만지고, 만나는 것 모두가 너무 신기하고, 온갖 수수께끼로 가득 차 보입니다. 그러니 아이의 머릿속은 '왜?'와 '어째서?'로 가득한 것이지요.

아이는 TV를 보다가도, 엄마가 읽어주는 책 내용을 듣다가도 "엄마, 이건 뭐야?", "왜?" 하며 질문을 쏟아냅니다. 다만 아이의 관심이 지속되는 시간은 고작 30초로 매우 짧지요. "왜?" 혹은 "이건 뭐야?"를 말한 바로 다음 순간에 이미 다른 놀이에 빠져 있습니다. 그러므로 아이가 '알고 싶어!'라고 생각한 그 순간을 놓치지 말고 아이의 지적 호기심을 채워줄 수 있어야 합니다.

이때 유용한 것이 도감, 지도, 사전입니다. 자세한 것은 뒤에서 살펴보겠지만 알고 싶거나 확인하고 싶은 것이 있을 때 도감과 지도, 사전을 펼쳐서 보게 하는 것이 좋습니다. 그렇기 때문에 사전과 도감 등은 반드시 온가족이 생활하는 공간인 거실에 두는 것이 바람직합니다. TV를 보다가 뉴스에서 나온 지명을 지도로 찾아보거나, TV에 나온 동물이나 식물을 도감에서 찾아 살펴보거나, 가족끼리 나눈 대화에서 나온 단어를 사전에서 뒤져볼 수 있도록 말입니다. 아이가 궁금해 하는 순간, 바로 그 자리에서 정확하고도 자세한 정보를 접할 수 있는 기회를 만들어주는 것이지요.

소파에 드러누워서도 바닥에 엎드려서도 OK!

아이가 질문했을 때 "나중에 찾아보자"라고 할 수도 있지만, 아이

<u>가 지식을 흡수하는 최적의 타이밍은 지적 호기심이 안테나를 세웠을 때입니다. 그 기회를 놓치지 않기 위해서라도 언제든 아이가 지식에 접속할 수 있게 거실에 도감, 지도, 사전을 두어야 합니다.</u> 아이가 흥미를 가질 만한 내용이 화제에 오르면 그 자리에서 바로 "그럼 찾아볼까?"라고 말하며 도감이나 지도, 사전을 아이에게 꺼내주세요. 그게 습관이 되면 아이는 궁금한 것이 생겼을 때 굳이 엄마나 아빠를 부르지 않고 스스로 관련된 책을 꺼내 자신이 품은 의문점을 찾아보게 됩니다. 그로 인해 아이의 지적 호기심은 무한히 넓어지고, 이것이 하나하나 쌓여 지식이 되고, 아이는 점점 더 똑똑해집니다.

하지만 거실은 어디까지나 가족이 휴식하는 장소입니다. 아무리 아이의 지적 호기심을 넓혀준다지만 그게 의무가 되어버리거나 그렇게 해야 한다는 분위기를 풍긴다면 절대로 오래 지속될 수 없습니다. 오히려 역효과만 낳게 됩니다. 그러니 바른 자세로 앉아 도감, 지도, 사전을 반듯하게 펼치고는 "자, 찾아볼까!"라고 하실 필요가 전혀 없습니다. 소파에 눕거나 거실 바닥에 엎드려서 사전을 펼쳐도 상관없습니다. 중요한 건 궁금증이 생겼을 때 바로 찾아 해결해줄 수 있는 환경입니다.

'놓여 있다'와 '없다'의 차이는 크다

제 말대로 도감, 지도, 사전을 거실에 구비해둔 부모들은 아마 아이를 보며 이렇게 주문을 외울 거예요.

'자, 사 왔으니 마음껏 꺼내서 보렴.'

유감스럽게도 이러한 엄마의 주문은 아이가 지적 호기심을 넓히는 데 아무 소용이 없습니다. 아이가 자발적으로 그것들을 꺼내 찾아보는 일은 절대로 생기지 않을 것이기 때문입니다.

이것은 어느 가정에서나 당연히 벌어지는 일입니다. 그런다고 '역시 우리 애는 똑똑하지 못해' 하고 포기하거나 '모처럼 마련했는데 의미가 없네' 하고 치워버리면 절대 안 됩니다. 처음에는 그것들이 거실에 '놓여 있다'는 사실에 의미를 두세요. '놓여 있다'와 '없다'의 차이는 실로 큽니다.

저는 아들이 세 살 되었을 때 처음으로 도감을 구입했습니다. 아들과 산책을 하다가 우연히 화단에 핀 꽃을 보았고, 그게 아들의 호기심으로 이어졌지요. "이 꽃, 뭐야?" 하는 아들의 물음에 저는 "그러게, 뭘까? 우리 같이 도감에서 찾아볼까?"라고 대답했고, 우리는 그대로 서점으로 가서 적당한 꽃 도감 몇 권을 골랐습니다. 그중에서 아들이 고른 도감을 구입해 거실 책장에 두었습니다.

그 후 제 아들은 어떻게 되었을까요? 당연히 꽃을 좋아하게 되었을 것이라 예상했지만, 유감스럽게도 그런 아름다운 결과는 나오지 않았습니다. 아들은 사전을 사온 당일에만 약간 관심을 보였습니다. 아들이 자발적으로 꽃 도감을 펼친 건 해당 도감을 사오고 5년 후까지 고작 두 번 정도였습니다.

'고작 그걸 위해 도감을 거실에 두라고요?' 하는 목소리가 들리는 것 같군요. 하지만 생활 공간 안에 도감이 있으면 아이가 변

덕으로라도 도감을 펼칠 때가 분명 있을 겁니다. 빈 시간이 생겼을 때, TV를 보다 뭔가 궁금해졌을 때 휙 꺼내 확인하고는 다시 툭 닫겠지요. 그렇게 아이가 스스로 도감을 펼쳐서 보는 행동을 했다면 그냥 놔두면 됩니다. 접하고 싶은 지식을 접하고 싶은 순간에 접하게 해주면 아이는 알아서 지식을 흡수해 점점 영리해집니다.

모처럼 큰맘 먹고 도감을 샀는데 아이가 5년 동안 한 번도 꺼내보지 않았다 해도 그러려니 하십시오. 그럴 수도 있습니다. 비록 아이의 관심이 그 방향으로 향하지 않았지만, 아이가 다른 방면에서 개화할 가능성은 얼마든지 있습니다. 그러면 그걸로 된 것입니다.

또 아이가 5년 동안 한 번도 들춰보지 않았던 도감이나 사전을 갑자기 보는 경우도 있습니다. 제 아들도 학교 수업이나 학원 공부를 하게 된 아홉 살 무렵부터 도감을 펼치는 횟수가 늘었습니다.

놓아만 두면 기회는 찾아옵니다. 우리 어른들도 읽다 방치한 책을 몇 년이 지나서 갑자기 읽고 싶을 때가 있듯이 아이들도 마찬가지입니다. 바로 그때가 그 책과 만날 타이밍입니다. '언젠가 쓸 때가 오겠지' 하고 편하게 생각하세요.

부모와 아이가
함께 즐기는 게
비결

스스로 들춰보게 될 때까지는 시간이 걸린다

아이가 도감, 지도, 사전과 친해지게 하려면 어떻게 해야 할까요? 우선 그것들을 거실에 놓는 것부터 시작하세요. 그다음은 놓아둔 도감과 지도, 사전과 아이 사이에 접점을 만들어주어야 합니다. 앞서 말씀드렸듯이 시작 단계에서는 부모의 관여가 필요합니다.

도감과 지도와 사전이 거실에 놓여 있으면 아이는 그 광경에 익숙해집니다. 하지만 그것이 '아이가 도감, 지도, 사전을 활용하게 된다'는 의미는 아닙니다. 처음에는 '그것들이 가까이에 있다는 것을 알고 있다' 혹은 '만지작거리기만 했을 뿐이다' 정도의 느낌만 가질 수 있게 해주세요. 이 단계를 훌쩍 뛰어넘어 아이가 자발적으로 사전이나 도감을 펼쳐 보거나, 관심사를 찾아보고 기억하는 건 아직 먼 미래의 이야기입니다. 욕심내지 마세요.

우선 '아이와 함께 본다'를 목표로 삼아주세요. 제가 앞서 말씀드린 우리 아이와 꽃 도감 이야기를 기억하시지요? 아들이 도감을 펼쳐 본 횟수가 적은 것치고는 제법 손을 탄 흔적이 있습니다. 도감처럼 두꺼운 책은 처음에는 펼치기 힘들고 손에 잘 잡히지 않지만 사용하다 보면 펼치기 쉬워지고 표지도 부드러워져 전체적으로 부푼 모양이 됩니다. 우리 집의 꽃 도감은 상당히 부풀어 있습니다. 제가 그걸 꺼내 아들과 함께 보았기 때문입니다.

'같이 할까?'의 마력

아이는 엄마 아빠를 아주 좋아합니다. 그래서 엄마 아빠가 "같이 할까?"라고 말하면 무척 기뻐합니다. 거실에 놔둬도 눈길 한 번 주지 않던 도감도 엄마 아빠가 꺼내 "같이 볼까?" 하고 말하는 순간 무척 매력적인 대상으로 바뀝니다.

그러니 도감을 펼친 아이가 "우와, 이거 아까 공원에서 본 새네"라고 말하면 얼른 "어떤 색이었지?" 하고 물으며 반응해주세요. 마치 아주 신나는 놀이에 아이를 초대하듯 말입니다. 크게 할 말이 없다면 "와아, 세상에는 참 여러 가지 새들이 있네"라는 말로 아이와 대화를 해도 됩니다. 처음은 그것으로 충분합니다. 아이는 부모가 자신과 함께 책을 펼쳐 대화를 해준 것만으로도 만족할 거예요. '엄마 아빠와 함께 도감을 보는 건 즐거운 일이야'라는 느낌이 아이의 머릿속에 입력되는 것이죠.

이 단계에서는 아이가 직접적으로 도감을 사용하지 않는다고 느껴질지도 모릅니다. 하지만 그건 잘못된 생각입니다. 사실 아이는 엄마 아빠를 매개로 도감을 제대로 활용했습니다. 도감, 지도, 사전을 활용하는 첫 단계에서 그것들을 활용하는 주체는 아이가 아니라 부모입니다.

'여기에는 재미있는 게 실려 있다'고 생각하게 만들자

먼저 부모가 도감이나 지도를 펼치세요. 그럴 때는 '아이에게 보탬이 될 만한 것', '꼭 알았으면 하는 지식'을 찾겠다고 무리하지 마세요. 부모 자신의 관심사를 찾아도 상관없습니다. 저는 제가 궁금한 것을 알아보기 위해 꽃 도감을 펼쳤고, 여름방학 때 가기로 한 여행지의 위치를 찾기 위해 지도를 보았습니다. 모르는 일이나 잊고 있던 것을 다시 알게 될 절호의 기회라고 생각했기 때문입니다.

그렇게 부모가 먼저 "오, ○○이라고 나오네!" 하고 신기해하거나, "그랬구나, 몰랐네" 하고 감탄하거나, "재미있네!" 하고 웃으면 아이는 자연스레 다가옵니다. "뭐가?", "재밌겠다!", "나도 끼워줘", "나도 가르쳐줘"라고 말하면서 말입니다. 부모는 이런 방식으로 아이의 마음을 움직여주어야 합니다. 아이는 그런 경험을 통해 지식을 쌓고 현명해지기 때문입니다.

너무 어렵게 생각하지 마세요. 부모는 '놀라고, 감탄하고, 웃는' 감정의 변화를 솔직하게 드러내기만 하면 됩니다. 이런 경험이 쌓이면 아이는 자기도 모르는 사이에 '이 도감(지도, 사전)에는 재미있는 것들이 실려 있다'라고 생각하게 됩니다. 그리고 어느 순간부터는 스스로 그것들을 꺼내서 들여다보게 됩니다.

학교 밖 공부가
아이를 성장시킨다

-
-
-

정말 똑똑한 아이는 박식하다

어떤 분들의 눈에는 도감, 지도 그리고 사전을 활용하는 제 방식이 쉬운 길을 두고 굳이 멀리 돌아가는 것처럼 보일지도 모릅니다. 드릴을 도감을 통해 보느니 드릴을 직접 사서 사용해보는 편이 아이의 지적 능력을 향상시키는 데 더 효과가 있다고 생각할지도 모르고요. 실제로 저는 "곤충 도감에서 본 곤충 문제가 생물 시험에 많이 나오는 것도 아니잖아요?"라고 반문하시는 분들도 많이 만났어요. 그러나 교과서 밖에서 습득하는 플러스알파의 지식이야말로 아이의 머리를 좋게 만들어줍니다. 일상 속의 지식 수집이 좋은 머리의 토대가 되기 때문이지요.

제가 수많은 아이들을 지켜보면서 알게 된 사실이 있습니다. 지망한 중학교에 여유 있게 합격할 것 같아 보이거나, 지금은 아니라도 고등학교나 대학교에 들어가면 두각을 나타낼 것 같다는 느낌이 오는 아이들의 공통점이 있습니다. 그건 바로 다양한 분야의 지식을 골고루 가지고 있다는 점입니다. 그런 아이들 대부분은 본격적으로 공부를 시작하면 어떤 과목에서든 성적을 올립니다. 물론 경우에 따라 특정 과목에 취약할 수도 있지만, 폭넓은 지식을 받아들일 수 있는 토대를 잘 갖추고 있기 때문에 그 문제도 시간이 지나면 점차 해결이 됩니다.

그런 점에서 흥미 있는 일, 왜 그럴까 하는 의문이 생긴 일, 궁금했던 일을 도감과 지도, 사전으로 찾아보는 시간은 아이에겐 훌륭한 학교 밖 학습 시간이 됩니다. 자신은 공부하고 있다는 생각을 털끝만큼도 하지 않지만, 그 순간 아이의 뇌 속 시냅스는 엄청난 기세로 연결됩니다.

제 직업이 학습 전문가, 입시 전문가이다 보니 많은 분들이 제가 아이에게 공부를 엄청나게 시킬 것이라고 예상합니다. 하지만 우리 아이가 집에 있는 시간 동안 책상에 앉아 공부하는 시간은 하루 평균 30분 정도입니다. 그 외에는 도감을 보거나 전철 노선도와 전국 지도를 비교하며 시간을 보내지요. 언뜻 보면 노는 것 같지만, 사실 그 시간은 넓은 의미에서의 학습 시간입니다.

깨어 있는 시간은 모두 학습 시간입니다. 중요한 건 아이가 지적 호기심의 안테나를 얼마나 세우고 있느냐입니다. 지적 호기심의 안테나가 항상 서 있는 아이는 만화영화를 보면서도 무언가 지식이 될 만한 거리를 잡아내 배움으로 연결시키기 때문입니다.

도감, 지도, 사전을 '장난감'처럼 가지고 놀자

'즐겁게 놀다 보면 아이는 성장하게 되어 있다!'

이것이 제 지론입니다.

저는 어렸을 때 부모님에게 공부하기를 강요받은 기억이 전혀 없습니다. 그리고 공부벌레와도 거리가 멀었습니다. 부모님은 저와 많이 대화하고 자주 놀아주셨고, 저는 엄마 아빠와의 즐거운 경험을 통해 많은 지식을 저도 모르게 배웠습니다.

옛날에 어린이집에 다녔을 때는 "어른이 되면 종이접기 선생님이 될 거야"라고 말할 정도로 종이접기를 좋아했습니다. 돌이켜 생각해보면 종이접기를 열심히 한 탓에 도형과 입체에 대한 이해력이 높아졌지요. 하지만 어렸을 때는 그저 종이접기가 좋아서 열중했을 뿐입니다. 그리고 부모님은 끝도 없이 이어지는 아들의 종이접기 놀이가 솔직히 귀찮을 법도 한데 그런 내색 한 번 없이 언제나 어울려주셨지요.

그 외에도 부모님은 삼형제 중 장남으로 태어난 저에게 어렸을 때부터 용돈 관리를 맡기셨습니다. 그런 이유로 저는 초등학교에 진학하기 전에 이미 구구단을 외울 수밖에 없었습니다. 용돈을 제대로 잘 쓰려면 단순히 덧셈과 뺄셈만으로는 부족했기에 순전히 필요에 의해 스스로 곱셈을 익힌 것이지요.

저는 부모님이 무척 지혜롭게 저의 학습에 관여하셨다고 생각합니다. 놀이와 공부를 분리한 적이 없고, 어떤 일이든지 제가 즐길 수 있도록 주변 환경을 만들어주셨습니다. 도감, 지도, 사전도 마찬가지입니다. 우리 집에서 그것들은 '공부'를 위한 것이 아니라 부모와 아이가 함께 즐기기 위해 사용한 놀이 도구였습니다.

3장부터 도감, 지도, 사전을 활용하는 방법을 구체적으로 알려드리겠지만, 제 지론은 어디까지나 '놀고 즐기기'입니다. 여러분의 아이가 도감, 지도, 사전을 마치 장난감처럼 가지고 놀게 되면 그때부터는 아이의 학습 능력도 무럭무럭 자라게 될 것입니다.

도감, 지도, 사전을
보여주는 시기는
빠를수록 좋다

-
-
-

두꺼운 도감을 '읽어달라'며 가져오는 두 살배기

거실에 둔 도감과 지도, 사전은 아이가 몇 살쯤 되었을 때 쥐어주는 것이 적당할까요?

답은 '지금 당장' 혹은 '언제든 상관없다!'입니다. 하지만 제 대답을 듣고는 종종 다음과 같이 반응하는 부모들이 있습니다.

"사회 과목에서 지도를 쓰는 건 3학년부터 아닌가요?"

"입학한 학교에서 어느 사전을 사라고 지정해줄 텐데요."

"아직 혼자 책도 못 읽는데요?"

"무슨 뜻인지 알지도 못하는 것을 사줘봤자……."

여러 가지 이유를 들고 계시지만 결국은 모두 같은 말을 하고 있습니다. '아직 그런 것들을 사는 게 이르다'는 의미이지요. 특히 어린이집에 다니지 않는 어린 자녀를 둔 부모일수록 아직 사전이나 도감을 구비할 필요가 없다고 판단합니다.

하지만 그건 짧은 생각입니다. 아이가 아직 어리기에 더더욱 갖춰두어야 합니다. 어린아이에게는 '어렵다'나 '간단하다'와 같은 판단 기준이 아직 없습니다. 아이들은 그저 '재미있느냐'와 '재미없느냐'로 흥미를 지속시킬지 말지를 결정합니다. 그리고 요즘 나오는 도감들은 사진 위주로 구성되어 있어 보기만 해도 재미있어 아기들도 즐겁게 볼 수 있습니다.

제가 아는 어느 가정에서는 큰아이가 물고기를 좋아해 도감을 보곤 했습니다. 그러다 보니 두 살 어린 둘째 아이는 엄마와 오빠가 같이 도감을 들여다보는 모습을 자주 접하게 되었습니다. 어느 순간부터 둘째 아이는 도감을 꺼내 들여다보기 시작했습니다. '읽어 달라'며 엄마에게 들고 오는 경우도 종종 생겼습니다. 둘째 아이는 아직 어렸기에 도감이 어떤 것인지도 알지 못했습니다. 아이에게 있어 도감은 그림책에 지나지 않았지요.

하지만 그 일상적인 습관은 놀라운 변화를 가져왔습니다. 아이와 함께 수족관에 간 엄마가 "저 물고기는 뭘까?" 하고 물었더니 "엄마, 집에 가면 도감을 찾아봐요"라고 말한 것이지요. 엄마가 얼마나 놀랐을지 짐작이 가시나요? 고작 두 살짜리 아이가 그런 말을 하다니 말입니다.

눈에 익히는 것만으로도 든든한 미래를 보장받는다

물론 그 아이가 하루아침에 그렇게 된 것은 아닙니다. 거실이라는 생활 공간에서 부모와 함께 도감을 보는 경험이 지속되었기에 아직 두 살이지만 '그 두꺼운 책에 뭔가 좋은 게 실려 있다'고 인식하게 된 것입니다. 그러니 그 아이는 앞으로도 도감을 '즐거운 것이 실려 있는 것'으로 여겨 기회가 날 때마다 꺼내 보게 되겠지요.

　그렇게 아이가 쌓은 지식은 초등학교에 들어가 본격적으로 공부를 시작하면서 상당한 도움이 될 것입니다. 특히 생물 과목은 '이미 집에 있는 도감을 봐서 다 알고 있다'는 상태가 되어 있을지도 모르지요.

　지도도 벽에 붙여두면 자연히 보게 됩니다. 그러다 보면 우리나라의 수도는 어디에 있고, 우리 집은 어디쯤에 있는지 등의 사실을 깨닫습니다. 결국 아이는 거실에 붙여놓은 지도를 통해 전국 시도의 위치를 대략이나마 파악하게 되지요. 훗날 학교에 들어가 지리 공부를 할 때 아이는 지도를 보며 배운 사실을 떠올리게 되고, '내가 아는 거네!'라고 생각하며 자신의 지식과 학습을 바로 연결시킵니다.

<u>백지 상태로 시작하는 공부는 괴롭습니다. 하지만 눈에 익혀서 얻은 지식이 있다면 학습에 대한 부담감은 확연히 줄어듭니다.</u> 그러니 아이가 익힐 수 있는 단편적인 지식이라도 가벼이 여기지 마세요. 그것은 훗날 아이가 한결 쉽고 편하게 공부에 접근할 수 있는 열쇠가 됩니다.

시작이 빠르면 빠를수록 아이가 지식을 받아들이기가 쉽습니다. 빨리 시작한 만큼 지식을 습득할 수 있는 더 많은 시간이 주어지기 때문에 무리 없이 확실하게 아이의 머릿속에 지식이 정착됩니다.

<u>본격적인 학교 공부를 시작하기 직전에 부랴부랴 도감, 지도, 사전 등을 마련해 아이에게 준다면 큰 효과를 보기 어렵습니다.</u> 아이가 바로 활용하기도 힘들뿐더러 강요받는 느낌 때문에 거부감이 들 수 있기 때문입니다. 부모 역시 '쓰게 해야 돼', '기억하게 해야 해' 하고 조바심을 내게 되지요.

시간을 아군으로 삼는 건 무척 중요한 일입니다. 빠르면 빠를수록 좋다는 제 조언을 반드시 기억하세요.

빨리 시작할수록 여유가 생긴다

빠르면 빠를수록 좋다면 언제 시작하는 것이 좋을까요? 저는 일반적으로 알려진 시기보다 3년 빨리 시작할 것을 추천합니다. 일반적으로 아이가 초등학교에 들어가기 전인 예닐곱 살쯤에 글을 가르치지만, 저는 아이가 세 살부터 읽기를, 네 살부터 쓰기를 가르쳤습니다. 100까지 수를 익히게 한 것도 비슷한 무렵입니다.

하지만 아이에게 영재교육을 시켰다고 생각하지 않습니다. 실제로 우리 아이는 사립 초등학교에 들어가기 위해 입학시험을 친 적이 없고, 지금은 공립 초등학교에 다니고 있습니다. 그런데 왜 굳이 3년이나 빨리 글자와 숫자를 가르쳤느냐고 물으신다면 이유는 간단합니다. '조바심을 내지 않고 천천히 익히게 할 수 있기 때문'입니다.

세 살짜리 아이가 글자를 읽지 못하는 건 당연합니다. 그렇기에 아이에게 글을 가르칠 때 글을 읽지 못해도 그러려니 하게 됩니다. 아이의 학습 진도가 더뎌도 초조해하거나 화를 내지 않겠지요. 반대로 아이가 조금이라도 글자를 읽어내면 '굉장해! 천재!'라고 생각하게 됩니다. 기쁨에 겨워 아이를 크게 칭찬해줄지도 모르지요. 그렇게 부모의 칭찬을 들으면 아이는 점점 의욕을 키웁니다.

부모들은 아이가 성장하는 모습을 지켜보면서 흐뭇해하지만 한

편으로는 '우리 애는 ○○을 아직 못해', '뒤처졌어', '부족해' 하며 초조해하고 불안해하기 마련입니다. 따라서 3년 빨리 시작한다면, 그로 인해 생긴 여유 시간 덕분에 부모와 아이 모두 정신적으로 느긋해질 수 있습니다.

내 아이가 아직 어리다고 생각하나요? 그 생각을 당장 바꾸세요. 그리고 즉시 거실을 지적인 공간으로 꾸며주세요. 아이가 이미 초등학생이어도 결코 늦지 않았습니다. 알아차렸을 때가 시작할 때입니다. 지금 당장 거실을 도감, 지도, 사전을 비치한 지적인 공간으로 만드세요.

2장

도감, 지도, 사전은
학습 능력을 끌어올리는
마법의 아이템

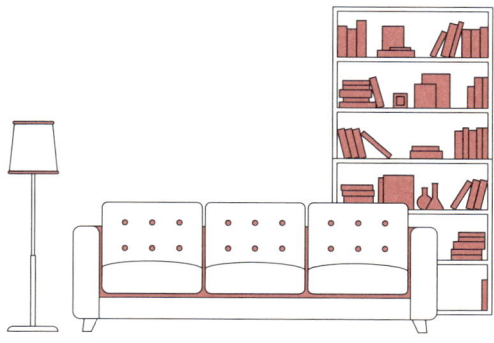

왜 꼭
도감, 지도,
사전이어야 할까?

-
-
-

'받아쓰기와 계산 연습을 해야 하는 건 아닐까?'

저는 1장에서 도감, 지도, 사전을 거실에 두어야 하는 이유를 이야기했습니다. 이제 그것들이 왜 그렇게 중요한지에 대해 설명을 해드려야 할 것 같군요.

사전은 '국어'와 관련이 있기 때문에 따로 말씀드리지 않아도 그 중요성을 이해하실 거예요. 하지만 지도와 도감이 왜 필요한지가 이해되지 않는다는 분들이 많습니다. 그건 바로 지도와 도감은 생물 과목, 사회 과목과 관련이 있지만 국어나 수학과 달리 중요도가 낮은 과목이라고 생각하기 때문입니다. 그래서인지 이렇게 묻는 분들이 많습니다.

"그런 과목에 신경 쓸 바에는 차라리 국어와 수학에 도움이 되는 공부를 시키는 게 낫지 않을까요? 받아쓰기 연습을 더 시키거나, 계산 문제를 하나 더 풀게 하는 것처럼요."

확실히 국어와 수학은 주요 과목이자 모든 과목의 기초입니다. 중요한 만큼 힘을 쏟아 공부하는 건 맞지요. 하지만 그게 생물과 사회 과목에 신경을 쓸 필요가 없다는 의미는 아닙니다.

생물과 사회 과목은 '살아가는 데 필요한 힘'을 만들어주는 과목입니다. 아이들은 생물 수업을 받으면서 자연에서 일어나는 현상과 법칙을 배우고, 사회 수업을 받으면서 삶과 세상의 구조를 배웁니다. 그리고 해당 수업을 통해 배운 지식들은 아이가 어른이 되었을 때 필요로 하게 될 지식과 사고방식의 근간이 됩니다. 한마디로 말해 사회와 생물은 '사람과 삶에 대한 이해의 폭을 넓혀주는' 과목입니다.

현재 일본의 명문 중학교 입학시험 과목은 국어, 수학, 생물, 사회입니다. 예전에는 국어와 수학만 채택했던 학교들도 최근 들어 네 과목으로 바꾸는 추세입니다. 그리고 국어 문제이지만 생물에 대한 지식이 없으면 풀 수 없는 통합형 문제의 출제 비율이 갈수록 늘어나고 있습니다. 왜 사회와 생물이 중요한지 이제 아시겠지요?

(한국의 경우도 다르지 않습니다. 그리고 2021년 수능 개편안이 발표되었는데요. 가장 큰 변화는 문이과 통합교육입니다. 특히 과학과 사회 과목은 통합과학, 통합사회로 개편될 거라네요. 사회와 과학의 기본기를 익혀야 하는 이유, 이해하시겠지요? - 편집자주)

명문 학교는 통합형 인재를 원한다

'3종의 세계 지도를 보고 생각난 것을 600자 이내로 쓰시오.'

이것은 도립 중고일관교(중학교와 고등학교를 통합해 총 6년 과정을 수료하는 학교)인 오슈칸 중등교육학교에서 2014년에 입학생을 뽑기 위해 실시한 시험에 등장한 문제입니다.

문제가 지칭하는 3종의 지도는 일본이 중심에 있어 일본인에게 매우 친숙한 지도, 첫 번째 지도를 거꾸로 뒤집은 것으로 남반구에서 주로 사용되는 지도, 경도 0도인 영국의 그리니치천문대를 기준으로 한 유럽에서 주로 사용되는 지도였습니다. 사실 서술형 문제는 국어 문제에 많습니다. 하지만 오슈칸 중등교육학교는 3종의 지도를 보고 자신의 생각을 서술하는 방식의 일반적인 국어 문제와 다른 문제를 냈습니다. 국어와 사회 과목이 통합된 형태의 문제이지요.

대부분의 지도는 발행하는 나라를 중앙에 두고 세계 전체를 보는 형상으로 만들어집니다. 학교는 학생들이 그 사실을 이해하고 있다는 전제하에 문제를 통해 '사물을 보는 방식은 각자의 시각과 입장에 따라 변한다'는 사실을 학생 자신의 체험과 연관 지어 서술할 수 있는지를 알아보려 한 것입니다.

시부야의 마쿠하리 중학교에서 출제된 사회 과목 입시문제(2013년 제1차)는 다음과 같았습니다.

'치바현 이치하라시를 흐르는 요로강 주변의 역사는 어떠하며, 요로강의 침식 작용과 퇴적의 변화, 기상이 이 지역에 미치는 영향에 대해 서술하시오.'

해당 문제가 참고자료로 제시한 것은 요로강 기슭의 이암층 사진 한 장, 사암층 사진 한 장이 전부였습니다. 따라서 이 문제를 풀려면 참고자료에 나온 진흙과 모래층을 분석할 줄 알아야 하며, 생물학과 지리학 지식이 탄탄해야 합니다.

인간의 삶과 지리학적 지식을 연관지어 배우는 과목이 바로 사회입니다. 각 지역의 특성과 자연현상을 해명하는 과목은 생물입니다. 따라서 이 두 과목은 서로 밀접하게 연관되어 있습니다. 이 문제 또한 요즘 명문 학교들이 얼마나 통합형 지식을 중요하게 여기는지를 알려주는 사례입니다.

학교라면 어디든 자신의 학교에서 세계적으로 인정받는 인재가 배출되기를 바랍니다. 그런 이유로 학교에 지원하는 학생이 인재가 될 만한 재목인지, 세상의 온갖 사건과 다양한 현상에 대해 풍부한 지식을 가졌는지를 가늠하려고 합니다. 그리고 학생들에게 자신이 지닌 지식을 '어떻게 사용할지'를 묻습니다. 일류 학교가 원하는 학생은 무작정 암기해서 머릿속에 쑤셔넣기만 하는 공부벌레가 아닙니다. 지식을 자신의 것으로 삼는 것에 그치지 않고, 다양한 지식을 조합해 폭넓은 사고를 할 수 있는 학생을 원합니다.

도감과 지도를 가지고 놀던 경험은 언젠가 진가를 발휘한다

과목 간의 경계를 넘어선 통합적 사고력은 장차 교육계의 주류가 될 것입니다. 그러나 아직까지 사람들은 초등학교 공부는 과목별로 학습하는 게 당연하고, 각 과목을 반복해서 복습하거나 연습문제를 푸는 게 공부의 기초가 될 것이라고 믿습니다. 하지만 그런 공부 방식은 진정으로 아이의 학습 능력을 키워주지는 못합니다.

아이의 학습 능력을 길러주려면 두 가지를 기억해야 합니다.

첫째, 폭넓은 지식을 키워주세요.

둘째, 지식과 지식을 자유자재로 이어 붙이는 경험을 무조건 많이 하게 해주세요.

학문에는 과목의 경계가 없습니다. 레오나르도 다 빈치처럼 예술가이자 뛰어난 과학자인 사람이 위대한 철학자인 경우가 비일비재하다는 역사적 사실이 그것을 입증합니다. 과목은 학교 교육을 원만하게 진행하기 위해 만든 시스템일 뿐입니다. 그러니 아이의 능력을 키워줄 때 과목에 사로잡혀서는 안 됩니다.

일본의 경우 2020년에 대학 입시정책이 개정될 예정입니다. 간단히 요점만 정리하자면, 정답이라 생각되는 번호를 칠하는 마크시트 방식이 아니라 스스로의 생각을 적는 서술 형식으로 크게 방향

전환이 이루어지게 됩니다. 대학교 또한 이 흐름에 따르고 있습니다. 단순히 지식이 많고 적음을 알아보는 게 아니라, 문제의식을 명확히 가진 상태에서 자신의 다양한 지식을 적절히 사용해 의견을 전개할 수 있느냐 없느냐를 살피는 데 중점을 두고 있습니다.

이러한 교육정책에 발맞추고 폭넓은 지식과 통합적 사고력을 가진 인재로 키우기 위해선 어려서부터 도감, 지도, 사전이라는 지적 아이템을 매개로 부모와 함께 많이 놀아야 합니다. 폭넓은 지식과 통합적 사고력은 급조한다고 얻을 수 있는 게 아니라 오랜 시간 동안 축적함으로써 형성되기 때문입니다.

도감은 지식을 늘리는
최강의 시각적 도구다

-
-
-

시각적 자극을 통해 효과적으로 각인시킨다

효과적으로 시각적인 자극을 줄 수 있다는 것이 도감의 가장 큰 특징입니다.

　최근의 도감들은 무척 잘 만들어져 있습니다. 정보를 그저 망라하는 것에 그치지 않고 어린아이라도 한눈에 보고 이해할 수 있는 다양한 시각적인 장치가 가득합니다. 글자를 읽지 못해도 충분히 즐길 수 있을 정도입니다. 사진이나 일러스트는 생생하고, 색깔과 레이아웃 등은 아동용이라고는 믿기지 않을 만큼 수준이 높아서 보고 있으면 자연스럽게 감탄하게 됩니다. 예를 들어, 일본에서 출간된 《좀 더 비교하는 도감》에는 지구에 존재하는 생물, 산과 호수 등의 자연, 탈것이나 건물 같은 인공 조형물, 행성에 이르기까지 다양한 것들이 비교되어 있습니다. 이 도감을 아이와 함께 보면서 "지구에서 가장 키가 큰 동물인 기린은 신호기(운전 중인 교통 차량과 사람에게 신호를 지시하는 장치)와 비슷한 크기구나"라고 한마디 하는 것만으로도 아이는 놀이를 하듯 즐거워할 것이고, '비교해서 사물을 보는 힘'을 기르게 됩니다. 시각적인 자극이 풍부하니 보면 볼수록 호기심이 커지고 정보가 자연스럽게 입력됩니다.

아이가 도감에서 본 것을 기억하지 못하는 것처럼 보여도 안달하지 마세요. 이미 아이의 기억 밑바닥에는 그것이 쌓여 있습니다.

즐겁게 이야기 나누다 보면 아이의 언어 능력까지 자란다

도감의 역할을 '궁금한 것을 알아보는 것' 혹은 '찾아보고 기억하기 위한 것'이라고 생각하기 쉽습니다. 하지만 처음부터 그런 결과를 바라는 건 부모의 욕심입니다. 시작 단계에서는 부모와 아이가 함께 '그냥 보는 것'이 도감의 올바른 사용법입니다.

예를 들어 아이와 공원을 산책하다가 갓 피어난 민들레를 발견했습니다. 만약 집에 도감이 있다면 산책을 마치고 집으로 온 뒤에 "아까 산책 나갔을 때 민들레가 피어 있는 걸 봤지?" 하고 아이에게 말을 건넴으로써 아이와 함께 도감을 펼쳐 볼 계기를 만들 수 있습니다.

도감을 편 후에도 뭔가 전문적이고 대단한 말을 해줄 필요는 없습니다. 민들레에도 다양한 종류가 있고 종마다 특성이 있다는 것

을 사진으로 확인하면서 "민들레도 여러 종류가 있구나", "아까 우리가 본 건 이걸까?"와 같이 가볍게 대화를 이어나가며 아이와 함께하는 그 순간을 즐기면 됩니다.

부모가 어린 자녀에게 반드시 알려줄 것은 그리 대단한 것이 아닙니다. 그저 '세상에는 다양한 것이 있다'는 사실 하나만 인식시켜주면 됩니다. 그것이 아이가 폭넓은 지식을 쌓을 수 있는 토대가 되고, 공부 저력을 키워 훗날 학습 능력을 키울 수 있는 밑거름이 됩니다.

도감에 쓰인 문장은 아이의 이해 정도나 수준에 맞는 어휘를 엄선해서 작성됩니다. 호기심을 넓히고 지식을 키워주는 것만이 아니라 모르는 사이에 언어에 대한 감각도 자극해주지요. 그런 이유로 도감을 보기만 해도 아이의 언어 능력은 자라납니다.

지식과 관심의 영역이 즐겁게 넓어진다

일본의 경우 초등학교 1, 2학년 때는 이과 과목과 사회 과목을 통합한 '생활과목'을 배웁니다. 이 과목의 주요 목적은 이웃과 친구, 자연에 대해 생각해보면서 생활에 관심을 갖게 만드는 것입니다. 공원을 관찰하거나 식물을 키우는 것과 같은 이과적 요소도 포함되어 있는데, 3학년 이후에 본격적으로 이과 과목을 배우기 위한 도입의 역할을 합니다.

그런데 생활과목을 별 무리 없이 해내던 아이들이 이과 과목을 배우기 시작하면서 현상이나 사물의 이름을 익히는 것을 싫어하는 일이 종종 있습니다. 이때 아이들의 흥미를 되살릴 수 있는 방법이 바로 도감입니다. 어렸을 때부터 도감을 접한 아이들은 '이 세상에는 다양한 것이 존재한다'는 사실을 알고 그것을 알아가는 즐거움에 이미 눈뜬 상태라 이과 과목에 대한 거부감이 적기 때문이지요.

도감은 아이들의 흥미를 유도해 관심의 영역을 넓히고, 그에 따른 지식을 쌓게 해주는 매개체의 역할을 합니다. 따라서 가급적 어릴 때부터 접하게 해주세요. 세상에 대한 선입관이 형성되지 않은 시기에 '도감은 재미있다'라고 느끼게 해준다면 성공한 것입니다.

아이가 어렸을 때는 도감에서 어떤 동물을 보고 그저 '그림'으로 인식하겠지만 학교에 들어간 뒤에 수업을 듣다가 예전에 도감에서 본 그 그림이 '장수하늘소'였다는 걸 알게 되면 아이는 새로운 흥미를 느끼게 될 것입니다. 그리고 그 흥미를 토대로 장수하늘소가 천연기념물이라는 사실까지 연계해서 알아낼 가능성도 충분히 있습니다.

다시 말하지만, 백지 상태에서 시작하는 공부는 힘듭니다. 하지만 미리 보아두고 들어둔다면 아이가 본격적으로 학습을 하게 되었을 때 큰 도움이 됩니다.

지도는 아이의 세계를
넓혀주는 도구다

작기만 했던 아이의 세계가 무한대로 확장된다

아이의 관점을 내가 사는 동네에서 먼 나라로 이동시키고, 다양한 정보로 시각을 넓혀주는 것이 지도의 역할입니다.

아이가 인식하는 세계는 무척 작습니다. 집 근처, 어린이집이나 유치원, 초등학교까지의 등굣길이나 그 주변과 같은 한정된 세상이 전부이며, 그 외의 세계가 존재한다는 것을 상상하지 못합니다. 일본에 살고 있으면서 "일본이 어디야?" 하는 황당한 질문도 합니다. 그건 아직 자신이 속해 있는 나라와 현재 살고 있는 집을 연결해서 생각하지 못하기 때문에 생기는 일입니다.

아이는 자신이 아는 것과 연관 지어 새로운 지식을 흡수합니다. 그래서 지도를 익히게 되면 아이의 지식은 매일 다니는 길이나 놀이터에서 이웃 지역으로, 또 다른 나라로 점차 확대됩니다. 다시 말해 아직 아이가 건넌 적이 없는 동네 큰길의 저편에서 옆 동네로, 옆 동네에서 이웃한 도시로, 기차나 비행기를 타야 갈 수 있는 국내의 먼 곳에서 해외로 상상할 수 있는 범위가 넓어지는 것입니다.

초등학교 6년간의 사회 수업도 이러한 흐름으로 진행됩니다. 1~2학년 때는 우리 집과 동네, 지역사회에서 이루어지는 일에 대해 배우고, 3학년이 되면 처음으로 백지도와 손으로 그린 지도, 동과 시의 항공사진과 지형 사진, 지도 기호를 접하게 됩니다. 3~4학년의 사회 수업은 학교 주변과 인근 상점가에서 일하는 사람들의 삶을 배웁니다. 5~6학년이 되면 우리나라 국토의 지형, 특징, 기후와 산업의 관계, 우리나라와 세계의 무역 등을 배우고, 지금껏 배운 지리 지식을 토대로 역사 수업이 이루어집니다.

초등학교 6년간 진행되는 사회 수업의 목적을 간단히 요약하면,

아이의 눈에 보이는 현실적인 세계부터 아이의 눈에 보이지 않는 넓은 세계와 시공을 넘어선 세계까지 폭넓은 지식을 제공하는 것입니다. 그 수업의 중심축이 바로 지도입니다.

추상적 사고 능력이 높아진다

아이의 관점이 넓어지면 어떤 점이 좋을까요? 사실 여기에 아이의 학습 능력을 크게 뒷받침할 수 있는 비밀이 숨어 있습니다.

초등학교 3~4학년쯤 되면 아이는 전과는 비교할 수 없을 정도로 시야가 단번에 넓어집니다. 그리고 이 시기를 기점으로 사회로 눈을 돌리게 됩니다. 작년까지만 해도 자신과 주변 외에는 관심이 없던 아이가 뉴스를 보면서 "난민이 뭐야?", "소비세가 오르면 어떻게 돼?"와 같은 수준 높은 질문을 하고 어른이 할법한 사회 비판을 해서 부모를 당황시키지요. 초등학교의 수업 과정은 이러한 아이의 발달 단계에 맞춰 만들어졌습니다. 때문에 3~4학년의 사회 교과서에 처음으로 지역 지도가 실리는 것입니다.

예를 들어 도쿄에 사는 아이가 뉴스에서 삿포로 눈 축제의 영상을 보았다고 합시다. 눈으로 만든 조각들을 배경으로 두꺼운 코트를 입은 사람들이 오가는 영상을 본 아이가 '홋카이도는 도쿄보다 위쪽에 있으니까 춥다'는 사실을 일본 지도와 대조해 이해했다면 그건 참으로 대단한 일입니다.

아이가 '눈이 많이 내렸다', '두꺼운 코트를 입었다'라는 구체적인 정보를 정리해 '저 지방은 춥다'라고 결론을 내릴 수 있으려면 그 아이의 머릿속에 일본 지도가 들어 있고, 해당 지역의 위치와 지리, 기온의 관계를 이해하고 있어야 가능한 일이기 때문입니다. 다시 말해 아이는 사물을 추상적으로 보는 능력을 갖춘 것입니다.

아이가 이러한 관점을 갖게 되면 '그럼, 홋카이도보다 더 위쪽에 있는 영국은 더 추운가?'라는 의문을 품게 되고, 가본 적도 없는 나라의 기후를 상상합니다. 아프리카의 지도를 보고 '케냐는 덥겠지만 케냐보다 더 아래에 있는 남아프리카는 위도가 가까운 뉴질랜드와 기후가 비슷하겠구나'라는 이치를 깨닫기도 합니다.

이렇듯 관점을 넓힐 줄 아는 아이는 자신을 객관적으로 바라보는 힘도 갖춥니다. 시야를 넓히고 추상적 사고 능력을 연마하는 데 있어 지도만큼 적합한 도구는 없습니다.

사전은 말의 이해를
높이는 도구이다

아이는 말의 의미를 확실히 모른 채 넘어가는 경우가 많다

아이가 "갑충이 뭐야?" 하고 물었을 때 '갑충'을 사전에서 찾으면 이렇게 나옵니다.

'갑옷처럼 딱딱한 앞날개를 가진 곤충의 총칭. 딱정벌레, 풍뎅이 등이 있다.'

이 한 문장을 읽어주기만 해도 아이는 이렇게 반응할 겁니다.

"갑옷!"

혹은 이렇게 반응할지도 모르지요.

"딱딱한 앞날개? 그게 뭐야?"

아이는 이러한 대화를 통해 말에는 제각기 '올바른 의미'가 있다는 것을 배웁니다. "○○이 뭐야?"의 답을 찾아내 "우와! 그렇구나!" 하고 말하면 비로소 그 말은 아이의 어휘가 되는 것이지요. 이런 과정을 거치지 못한 말은 머지않아 잊혀지고 지식으로 정착되지도 못합니다. 애매한 말을 사용하면 애매한 생각으로 이어지기 때문에 사고의 치밀함도 떨어집니다. 즉 말을 자유자재로 적확하게 구사하기 위해서는 먼저 자기 안에서 말의 정의를 확립해야 합니다.

국어 시험에는 문학작품이나 설명문을 읽고 주인공의 기분이나 작가의 생각을 정확히 '읽어내는 힘'과 그것을 정확한 말로 '전달하는 힘'을 요구하는 문제가 자주 나옵니다. 문제를 정확하게 읽기 위해서도 말을 올바르게 이해할 필요가 있습니다. 올바르게 이해해야 정확하게 전달할 수 있기 때문입니다.

머릿속에 각각의 단어에 대한 정의가 확실히 있다면 아이는 생각이 깊어지고, 정보를 정리해 남에게 올바르게 전달할 수 있게 됩니다. 대화 능력이 높아진다는 의미입니다.

고등학교와 대학교에 진학할 때는 물론 사회인이 된 후에도 우리는 끊임없이 대화를 합니다. 그것이 사교일 수도, 업무의 일환일 수도 있습니다. 사전은 아이가 평생을 해나가야 하는 대화를 원활하고 효율적으로 할 수 있게 도와주는 필수품인 셈입니다.

인터넷 검색보다 종이 사전이 더 좋은 이유

요즘에는 알고 싶은 것이 있으면 인터넷으로 스마트폰으로 바로 찾아볼 수 있습니다. 하지만 저는 인터넷과 스마트폰에 의존하는 공부 방식을 추천하지 않습니다. 대략적으로 알고 싶은 정보는 인터넷이나 스마트폰으로 검색을 해도 되지만, 찬찬히 깊이 있게 알아보고 싶은 정보는 책을 활용할 것을 권합니다.

클릭 몇 번이면 얻을 수 있는 정보를 왜 굳이 힘들게 책으로 찾아야 하느냐고요? 아주 중요한 이유가 있습니다.

첫째, 손가락에 닿는 종이의 질감이 뇌를 자극하기 때문에 책으로 찾아본 내용이 인터넷 검색으로 알게 된 내용보다 머릿속에 더 명료하게 남습니다.

둘째, 책장을 펄럭펄럭 넘겨 알고 싶은 낱말을 찾아내 거기에 적힌 문장을 읽게 되면 '아, 알겠어', '그렇구나', '그럼 ○○는?'처럼 그에 파생되는 문장까지 생각해보는 계기가 생기기 때문입니다.

좀 빠른 아이라면 다섯 살쯤부터 직접 어린이용 사전을 찾아보려고 할 것입니다. 그럴 때 부모가 말만 잘 걸어주면 아이는 여러 단어를 직접 찾아보려는 의욕을 드높입니다.

예를 들어, 아이가 '동구 밖 과수원 길'이라는 문장을 찾는다고 생각해보세요. 아직 단어와 문장에 대한 이해도가 높지 않은 아이는 아마 '동구 밖'을 한 단어로 생각해서 사전을 찾아볼 것입니다. 사전을 뒤지던 아이가 "왜 안 나오지?"라고 말하며 조바심을 낸다면 그때 "그 문장을 한꺼번에 찾으려고 하지 말고 우선 '동구'라는 단어 먼저 찾아보렴" 하고 힌트를 주세요. 엄마의 힌트를 통해 '동구'를 사전에서 찾고 예문을 통해 해당 문장을 발견하면 아이는 "아, 원래 '동구'랑 '밖'은 따로 떼서 쓰는 거구나!"라며 놀라워할 것입니다. 아이는 이러한 시행착오를 거치면서 어휘력을 길러갑니다. 인터넷 검색으로는 얻을 수 없는 이점이지요.

어휘력을 좀 더 넓히길 원한다면 사전의 색인을 활용해보세요. 사전의 색인 속에는 파생어가 있고, 그 주변에는 해당 단어와 관련이 있는 친척 단어가 실려 있습니다. 만약 한자사전이라면 한자를 쓰는 순서와 음독, 훈독의 차이를 알 수 있게 됩니다.

사전은 구성 그 자체로 어휘력을 키워주고 정확한 지식을 전달하는 기능을 가지고 있습니다. 조사한 단어의 앞뒤를 한 번 훑어보기만 해도 비슷한 음이나 모양의 한자나 숙어가 자연히 눈에 들어오기 때문입니다. 사전에서 '카스텔라'를 찾아본 아이가 "카스텔라는 포르투갈 말이래" 하며 지도나 지구본에서 포르투갈을 찾으려 한다면 부모 입장에서는 더 흡족하겠지요.

아이의 성장에 맞춰 어린 시절부터 사전과 친해지게 해주세요. '사전을 펴면 아는 게 많아지고 즐거운 경험을 할 수 있다'는 생각을 아이에게 심어주면 아이가 장래에 어려운 공부를 해나가는 데 큰 도움이 될 것입니다.

도감, 지도, 사전의
혼합 활용으로
사고력이 극대화된다

-
-
-

도감과 사전에서 지도로!

도감, 지도, 사전은 서로 특징과 역할은 다르지만 따로 떼어서 생각할 필요는 없습니다. 오히려 이 세 가지 아이템을 잘 조합하면 아이의 학습 능력을 엄청나게 높일 수 있으며, 머릿속에 지식을 오랫동안 단단하게 붙들어둘 수 있습니다.

예를 들어 '○○ 섬에서 따오기 번식에 성공하다'라는 뉴스를 본 아이가 '번식'이라는 단어를 사전에서 찾고, 'ㅇㅇ 섬'의 위치를 지도에서 찾고, '따오기'를 도감에서 찾아본다면 어휘력, 사회 지식, 과학(생물) 지식을 한꺼번에 통합적으로 늘릴 수 있습니다. 만약 공원에서 민들레를 보고 집에 돌아와 도감을 펼치는 경우에도 도감을 찾아보는 것에 그치지 않고 검색 영역을 사전과 지도로 확장시키면 아이의 종합적 사고 능력을 키울 수 있는 매우 좋은 기회가 됩니다.

가령 식물 도감에는 각 민들레의 서식지가 지도에 표시되어 있어 해당 페이지를 펼치기만 해도 지역별로 피는 다른 종류의 민들레를 볼 수 있습니다. 이를 통해 아이는 지역명과 민들레의 종류를 연결해 기억할 수 있게 되지요.

아이와 함께 도감을 볼 때 특정 지역에서만 피는 특별한 민들레의 사진을 짚으며 "아아, ㅇㅇ 민들레는 ㅇㅇ에서만 피는구나" 하고 고개를 끄덕여보세요. 자연스럽게 해당 설명문도 읽어주면서요. 그러면 아이는 "ㅇㅇ가 뭐야? 이것도 민들레인데 왜 민들레 앞에 ㅇㅇ가 붙어?"라고 물어볼지도 모릅니다. 그때 '어린애에게 벌써부터 이 어려운 내용을 알려줄 필요가 있을까?' 하는 생각에 그냥 넘어가지 마세요. 아이에게 이야기를 들려준다는 기분으로 해당 정보를 읽어주거나 도감과 지도를 함께 활용하는 방법을 궁리해보시기 바랍니다. 거실 벽에 지도를 붙여놓았다면 "○○은 여기쯤이네!"라며 바로 그 지역의 위치를 아이에게 알려줄 수도 있지요.

'자동 운전' 스위치가 켜지면 아이는 알아서 똑똑해진다

도감을 보다가 지도나 사전을 보고, 지도가 계기가 되어 사전과 도감을 뒤지고, 사전을 보다가 지도와 도감을 들추는 등 도감과 지도를 번갈아 봐도 좋고, 사전과 도감을 함께 봐도 좋습니다. 이 세 가지 아이템들을 함께 사용하는 횟수가 많을수록 아이의 학습 능력은 다채롭고 풍부해집니다. 그러니 아이와 대화나 놀이를 할 때는 적극적으로 도감, 지도, 사전을 활용하세요.

"이게 그렇게 좋은 방법이라면 학교에서 왜 그 방법을 활용하지 않나요?"라는 의문이 생길 수도 있습니다. 물론 활용하면 좋죠. 하지만 많은 학생들을 한데 모아서 가르치는 학교에서는 이 방법을 활용하는 것이 현실적으로 어렵습니다. 항상 아이를 지켜보고, 아이가 아무리 많은 질문을 해도 하나하나 대답해줄 수 있어야 하는 데 교사 한 사람이 이삼십 명의 아이들을 지도하는 현실에서는 불가능한 일이지요. 그렇게 해줄 수 있는 사람은 부모뿐입니다. 아이 또한 부모와 함께하기에 더 큰 즐거움을 느끼는 것이고요.

도감, 지도, 사전을 함께 쓰는 방식이 몸에 배면 아이는 스스로 도감, 지도, 사전을 펼쳐 궁금증을 해결합니다. 아이의 '자동 운전' 스위치가 켜진 것이지요. 이후부터는 아이가 스스로 하게 그냥 놔두면 됩니다.

이러한 습관이 쌓이면 아이는 '왜?', '어째서?'가 머릿속에 떠오르는 순간 바로 사전이나 도감, 지도를 들추게 됩니다. 바로 공부와 직결되는 행동으로 이어지는 셈이지요. 이뿐이 아닙니다. 찾아보는 행동은 '오호라, 재밌다!'로 이어지고 마침내 '더 알고 싶어', '배우고 싶어'라는 지적인 연쇄반응을 일으킵니다.

도감, 지도, 사전을 가까이에 두고 활용하는 게 얼마나 중요한지 확실히 아셨죠?

우리의 일상에는
배움의 기회가
넘쳐난다

-
-
-

마트에서도, 길을 걸을 때도 배울 것 투성이

여러 차례 이야기했듯, 일상생활에서 도감과 지도, 사전을 펼치는 기회를 많이 만들어주세요. 어렵지 않아요. 앞서 말씀드렸듯이 뉴스에서 어떤 지역명이 나오면 "○○가 어디더라?"라고 말하며 지도 쪽으로 다가가세요. 공원에서 우연히 발견한 꽃은 집에 돌아온 뒤에 도감을 뒤져 찾아보세요. 책에서 나온 모르는 단어는 아이와 함께 사전을 펼쳐보세요. '이건 도감(지도, 사전)을 쓸 절호의 기회야!'라는 생각을 늘 머릿속에 새겨놓고, 꼭 실천하세요. 생활 속 소소한 경험들은 언젠가는 커다란 열매를 맺습니다.

<u>일상생활에는 그러한 기회가 넘쳐납니다. 가게에서 물건을 살 때, 길을 걸을 때, 탈것에 올랐을 때도 도감, 지도, 사전을 들춰볼 거리가 반드시 있습니다.</u>

그렇다고 해서 '그런 기회는 절대 놓치지 말아야 해' 하며 집착할 필요는 없습니다. 부모는 육아 외에도 많은 일을 해내야 하기 때문에 지도, 사전, 도감을 활용하는 일에 지나치게 신경을 쓰면 되레 지속하기 어렵습니다. 그저 '아, 지금이 그 기회인가?' 하는 생각이 들 때 아이에게 말을 걸고 지도, 사전, 도감을 펼치면 됩니다.

아이의 '이게 뭐야?'는 도감, 지도, 사전을 펼쳐야 한다는 신호

아이에게 말을 걸 기회는 부모가 늘리는 게 가장 바람직합니다. 아이가 "이게 뭐야?", "왜 이걸 ○○라고 해?"라고 묻는 순간이 정말 좋은 기회입니다!

저는 이전에 마트의 반찬 코너에서 이런 광경을 본 적이 있습니다. 당시 엄마는 김밥을 고르고 있었는데 곁에 있던 네 살 정도 되어 보이는 아들이 "엄마, 김은 어디서 나?" 하고 질문을 던지더군요. 그때 아이와 엄마 사이에 다음과 같은 대화가 오갔습니다.

엄마: 바다야.
아들: 그래? 그럼 김은 어떻게 생겨?

엄마: 그러니까 바다 속에서 만들어진다고!

아들: (문득 뭔가를 깨달은 듯이) 김이 해초야?

엄마: 으, 응, 그렇……지?

엄마는 아들의 입에서 튀어나온 '해초'라는 단어에 조금 놀란 것 같았습니다. 결국 그 모자의 대화는 어영부영 끝이 났지만, 그들의 대화를 내내 듣고 있던 저는 '모처럼의 기회였는데'라는 생각에 못내 아쉬웠습니다.

아마도 아이의 엄마는 김이 해초라는 건 알고 있었지만 막상 아이의 질문을 받았을 때는 생각이 나지 않았거나, 아이가 이해하지 못할 것이라 여겨서 정확하게 대답할 수 없었던 것 같아요. 그래서 아이의 물음에 대강 대답하고 넘어가려 했을 것입니다.

사실 이때는 엄마가 굳이 '올바른 답'을 말할 필요는 없었습니다. 많은 부모님들이 잘못 생각하고 계신 점이 바로 이 점입니다. 부모가 박식할 필요가 전혀 없다는 것이죠.

이때 엄마가 이렇게 말했다면 어땠을까요?

"맞아, 해초야. 바다에서 포자를 키워서 양식을 하지. 미역이나 다시마도 그렇게 양식으로 만들어."

이런 대답을 들은 아이는 나중에 사회 과목에서 100점을 맞을지 모릅니다. 하지만 아이에게 그건 만점짜리 답이 아닙니다.

마법의 대답 '재밌네!', '어떻게 알았어?'

앞서 말씀드린 상황에서 엄마가 아이에게 해줄 수 있는 가장 좋은 대답은 다음과 같습니다.

"응? 모르겠네. 재미있을 거 같으니까 집에 가서 찾아보자."

이게 다냐고요? 네, 이게 다입니다. 부모는 선생님이 아닙니다. 따라서 모르는 건 모른다고 말하면 됩니다. 아이는 그렇게 대답을 한 엄마를 결코 탓하지 않습니다. 그저 '엄마(아빠)도 모르는 게 있구나'라고 생각할 뿐입니다.

모르는 걸 부끄러워하지 마세요. 사실 이런 상황에서는

아는 것도 "모른다"라고 대답하셨으면 좋겠습니다. "같이 찾아보자"고 아이에게 권유하기가 더 쉬워지니까요.

그리고 "재미있겠다!"라는 말을 강조합니다. 엄마의 그 말에 아이는 '엄마도 나와 같은 흥미를 가졌구나'라고 생각하고, 동시에 '모르는 것은 재미있는 것이구나' 하고 인식하게 됩니다. 이로써 아이는 자신의 감각에 자신감을 갖게 되어 흥미나 의문이 생길 때마다 안심하고 부모에게 묻고 호기심을 더욱 넓혀가게 됩니다.

중요한 것은 아이의 물음에 정답을 주는 것이 아닙니다. 물음을 '낚아채는 것'입니다. 아이가 "저 물고기는 어

쩜 저렇게 커?" 하고 놀란다면 부모는 "와, 재미있네!" 하고 응수해주면 충분합니다.

아이의 호기심 어린 질문 앞에서 "재미있다"는 만능의 추임새이자 마법의 말입니다. "그렇구나!", "진짜네!"도 마찬가지입니다. "어머, 어떻게 알았어? 대단하네!"도 좋습니다. 이 말들은 '이런 걸 알아차리다니 너는 머리가 좋구나'라고 칭찬해주는 것과 같습니다. 부모가 응수를 잘해주면 자기긍정감이 상승해 아이는 더욱 의욕적으로 궁금한 것을 찾아보게 됩니다.

부모의 적절한 호응이
흥미의 폭을
더욱 넓힌다

특이한 새를 보았다면 집에서 도감을 보는 기회로 삼자

아이의 물음에 무조건 반응할 것! 그것이 첫걸음입니다. 여기에서 한 발 더 나가면 더 좋겠지요?

    아까 이야기했던 '김' 이야기를 다시 해볼까요? 저라면 그 상황에서 아이와 함께 김이 진열된 곳으로 가서 구운 김의 봉투 뒷면을 살펴 원재료가 무엇인지 아이와 함께 볼 것입니다. 그리고 이렇게 말할 것입니다.

"흐음, 여길 보니 '말린 김'이라고 적혀 있네. 날김을 널어 말렸다는 뜻인가 본데? 우리 날김을 어떻게 말려서 이런 김이 되었는지 한번 찾아볼까?"

스마트폰이 있다면 그 자리에서 바로 정보를 찾아 김을 말리는 모습이 담긴 사진을 보여주고, 그게 여의치 않다면 집에 돌아가자마자 아이와 함께 도감으로 해당 이미지를 찾아보세요. 혹은 해산물 코너로 가 김의 생김새를 살펴보는 것도 좋은 방법입니다.

"어? 이게 김이야? 흐물흐물해! 아까 그 김이랑 달라!"

아이의 눈이 반짝거리는 순간을 놓치지 마세요.

"이건 바다에서 건진 상태라 그래. 이걸 말리면 아까 본 그 김이 된다니 신기하다, 그치?"

이와 같이 실물을 보여주거나 체험과 연계하며 깨닫게 하는 것이 중요합니다.

또 공원에서 특이한 새를 발견했다면 이렇게 말해보세요.

"집에 가면 도감에서 저 새를 찾아보자! 그러니 잘 보고 기억해 둬야 해!"

그러면 아이는 단번에 의욕을 보입니다. 한순간에 시야에서 사라져버리는 새나 나비 외에도 다가가 찬찬히 관찰할 수 있는 들풀이나 손에 잡히는 벌레 등도 관찰 대상이 될 수 있습니다. 그리고 집에 돌아와 도감을 펼쳐 "아까 그 새가 무슨 색이었더라?", "부리가 어떤 모양이었지?" 하며 아이에게 말을 걸어보세요. 아이는 아까 열심히 기억해놓은 것을 즐겁게 풀어 보일 겁니다.

그럴 때마다 아이에게 "우와, 잘 보고 있었네", "그걸 어떻게 다 기억해? 정말 대단한데!"라고 아낌없이 칭찬해주세요. 도감에서 새의 종류를 확인하는 것보다 도감을 매개로 즐거운 경험을 했다는 기억이 더 중요합니다. 절대로 잊지 마세요.

여행은 아이의 지식을 탄탄히 하는 좋은 학습 수단

그 외에도 박물관과 천문대, 미술관 같은 공공시설이나 동물원, 수족관, 식물원에 아이를 데리고 가서 실물을 보여주세요. 그리고 집으로 돌아와서는 그곳에서 본 것을 도감으로 확인하는 것을 잊지 마시고요. 이와 반대로 도감에서 본 것을 확인하러 박물관이나 동물원에 가는 것도 좋습니다. 이러한 경험의 반복이 아이의 지식을 탄탄히 하고 흥미의 폭을 점점 넓혀줍니다.

바다나 산에 가는 자연 체험이나 가족 여행도 좋습니다. 물가에서 놀면서 게나 가재 같은 수중 생물을 살펴보고, 산을 오르며 초

목을 가까이에서 관찰하고, 공기 좋은 곳에서 밤하늘에 박힌 별자리를 찾아보는 것… 아이에게 이보다 더 좋은 배움의 장이 있을까요? 아이는 직접 체험함으로써 도감에 나와 있는 것들을 살아 있는 정보로 받아들이게 됩니다.

지도도 마찬가지입니다. 실제로 여행을 가서 보고 체험하면 해당 지역에 대한 흥미와 애착이 생겨 그 지명을 기억하게 됩니다.

아이가 체험으로 익힌 지식 속에는 부모와 함께 보낸 즐거운 추억도 함께 새겨져 있습니다. 부모와 즐겁게 여행을 갔다 온 뒤에 여행지를 지도에서 직접 찾아 "요전에 여행 갔던 ○○은 여기구나" 하고 고개를 끄덕이며 얻게 되는 지식과, 그저 기계적으로 해당 지역의 위치를 외워 익힌 지식 중에서 어느 것이 더 아이의 머릿속에 선명히 남을지는 굳이 말씀드리지 않아도 아실 거예요.

요괴 애호가에서 생물 박사로

체험과 지식을 연계하면서 흥미와 관심의 폭을 넓혀주면 어느 순간 아이는 놀랍게 발전합니다.

제가 아는 한 남자아이는 다섯 살 무렵 요괴와 몬스터 캐릭터에 푹 빠져 있었습니다. 그렇다 보니 그 캐릭터들과 느낌이 비슷한 악어나 타란툴라 같은 생물에게도 자연히 관심을 가지게 되었지요.

이 아이는 처음에 요괴나 몬스터를 소개하는 책만 보았습니다. 그런데 어느 순간부터 파충류, 양서류, 물고기, 동물에까지 관심 분야를 넓혀 일곱 살엔 생물 박사로 불릴 만큼 관련 지식을 쌓았습니다. 공룡을 좋아하다가 화석에 흥미를 가지게 되고, 더 나아가 광물에까지 관심 분야를 넓힌 아이도 본 적이 있습니다.

우리 아이는 어렸을 때부터 전차를 무척 좋아했는데, 특히 신칸센에 열광했습니다. 그런 이유로 신칸센의 역 이름을 외웠다가 벽에 붙여놓은 지도 속에서 역 이름을 발견하면 떨 듯이 기뻐했습니다. 동시에 "시즈오카현은 굉장해! 역이 여섯 개나 돼!"라며 현의 이름과 모습도 함께 익혔습니다. 그 결과 지금 3학년인 우리 아이는 어른도 못 당할 정도로 해박한 지리 지식을 갖추게 되었습니다.

시작은 분명 소소한 것에서 출발했을 겁니다. 동물이 좋아서, 자동차가 좋아서, 꽃이 좋아서, 귀여운 게 좋아서, 요괴가 좋아서… 아무리 소소한 것이라도 출발선은 넓은 세상으로 이어지는 중요한 관문입니다. 그렇기에 지금 아이가 흥미를 보이는 것들이 하찮아 보이고 단편적이라는 생각이 들어도 실망하거나 무시하지 마세요. 좋아하는 게 있다는 건 그 자체로 이미 성공의 확률을 쌓아간다는 의미입니다.

흥미를 발판으로 삼아 조금씩 지식을 넓혀가면 됩니다. 아마 일 년쯤 지나면 '우리 애가 박사가 다 됐어'라고 생각하게 될지도 모르지요.

이 모든 건 부모의 적절한 호응에 달렸습니다. "그게 좋다면 이건 어떠니?"라고 적극적으로 권유하며 아이의 세계를 서서히 넓혀주세요. 그리고 그 과정을 함께 즐기세요.

아까 이야기한 생물 박사 아들의 엄마는 이렇게 말씀하시더군요.

"파충류는 징그러워서 싫었는데 아들에게 맞춰주다 보니 점점 귀엽게 느껴지던데요."

아이와 함께 부모의 세계도 넓어진다면 이보다 근사한 일이 또 어디 있을까요?

3장

아이의 지식이 무한대로 늘어나는 도감 활용법

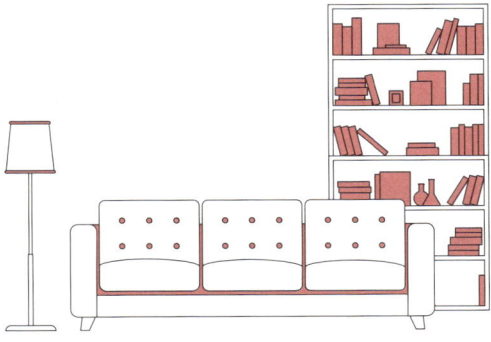

어떤 도감을
골라야 할까?

-
-
-

도서관에 가자

'우리 아이에게 어떤 도감을 사주지?' 하는 고민을 하고 있다면 집 근처에 있는 도서관을 찾아가보세요. 분명히 다양한 주제를 다룬 많은 도감을 찾을 수 있을 거예요.

  도감은 그림책이나 일반 서적과 달리 가격이 만만찮습니다. 가격이 비싼 만큼 비닐로 포장해두는 경우가 많아서 서점에 가서는 도감 속을 확인하기 힘들어요. 게다가 판형이 크고 무거워서 서점에서 펼쳐 보기도 난감하고요. 그러니 <u>먼저 도서관부터 들르세요. 그곳에서 적당한 것을 골라 아이와 함께 펼쳐서 보세요.</u>

아이가 도감을 친숙하게 여길 수 있게 하는 가장 실질적이고 쉬운 방법은 아이와 함께 많은 종류의 도감을 펼쳐서 보는 것입니다. 다양한 도감을 접하다 보면 아이가 좋아하는 분야를 자연스레 알게 됩니다. 그러니 아이와 함께 자주 도서관에 들러 쉽고 편하게 도감을 접하도록 분위기를 만들어주세요.

<u>아이가 도감에 흥미를 안 보일까 봐 걱정이라면</u>, 방법이 있습니다. <u>아이가 도감에서 보고 싶어 하는 페이지를 직접 펴게 한 뒤에 그 부분부터 읽게 해주세요. 이 방법을 몇 번 반복하면 대부분의 아이들은 도감을 좋아하게 됩니다.</u>

하지만 일부 도서관들은 최신 도감을 들여놓지 않았거나, 부록 DVD는 대여해주지 않는 경우가 종종 있습니다. 그렇다면 도서관에 자주 가서 아이가 도감과 친숙해지는 시점이 되면 서점에 들러 아이가 흥미로워하는 분야의 도감을 구입해주시면 됩니다.

아이가 눈을 반짝이는 찰나의 순간을 놓치지 말자

부모라면 '도감을 펼치자마자 아이가 눈을 빛내며 덤벼들면 얼마나 좋을까?' 하는 작은 기대를 무의식중에 품곤 합니다. 하지만 그런 현상은 좀처럼 일어나지 않습니다. 그건 그야말로 기적에 가까운 일입니다.

아이의 학습은 '마음이 움직이고 난 뒤에 머리가 따라 움직이는' 순서로 진행됩니다. '재밌다!', '좋아!'라는 마음이 생겨야 '이건 어떻게 되는 거지?', '알고 싶어!'로 뇌가 움직입니다. 아이들이 포켓몬과 요괴 워치의 캐릭터를 순식간에 외우는 건 그걸 '재밌다!'고 느끼기 때문입니다. 재미를 원동력으로 여러 번 정보를 접하는 사이에 저절로 머리에 입력되지요.

즉 아이의 마음이 움직이지 않으면 어떤 지식도 아이의 머릿속에 들어갈 수 없습니다. 그러니 '도감을 폈으니 아이가 자연히 흥미를 느끼겠지!'라는 생각은 아예 하지 마세요. 아이의 흥미가 일어난 순간을 포착해 그 즉시 도감을 '투입'하는 게 맞습니다. '어제 TV를 볼 때 우리 애는 개구리에 반응하던데', '요즘 애가 부쩍 우주에 관심을 가지는 것 같던데?'라고 깨달을 때까지 늘 아이를 관찰하고 관심을 가져주세요.

아이의 작은 변화는 매우 소중합니다. 그리고 아이의 흥미가 생겨난 시점에서 도감을 보자고 권하면 '기적'도 일어나기 쉬워집니다. 아이의 상태를 늘 거실에서 관찰하세요. 그렇게 살피다 보면 어떤 아이에게든 '지금이다!' 하는 시점이 분명 찾아옵니다.

'필요하다'와 '필요 없다'를 부모의 기준으로 판단해서는 안 된다

-
-
-

여자아이도 곤충 도감을 좋아할 수 있다

얼마 전 서점에 갔다가 곤충 도감을 사달라며 조르는 여자아이를 보았습니다. 아이의 엄마는 "그게 왜 필요해? 엄마는 싫어, 징그러워" 하며 당황하더군요. 아이가 끈질기게 조르니 결국 "여자애가 왜 이런 걸 좋아하는지 몰라" 하면서 마지못해 도감을 계산대로 들고 갔지만, 아이 엄마의 떨떠름한 표정은 감춰지지 않았습니다.

그 엄마처럼 '여자아이는 자연과학 계통의 도감을 좋아하지 않는다'는 고정관념을 가진 부모가 적지 않습니다. 바꿔 생각하면 '우리 아이는 여자애니까 도감에 흥미를 갖지 않을 거야'라고 생각하는 부모가 많다는 이야기지요.

물론 대체로 남자아이는 지식을 넓히고 쌓는 데서 기쁨을 느끼고, 여자아이는 체험을 통해 느끼고 감정을 표현하는 데 더 관심을 쏟는 경향이 있습니다. 하지만 그것이 모든 아이들에게 절대적인 기준은 아니라는 사실을 아셨으면 합니다.

아이들 누구나 도감을 애독하며 '○○ 박사'가 될 필요는 없습니다. 중요한 것은 다양한 분야에 관한 지식이 가득하고 깔끔하게 분류된 도감이라는 책자가 있다는 것, 도감을 활용하면 아는 게 늘어나고 지식이 깊어진다는 사실을 아이가 자연스럽게 깨달을 수 있는 환경을 조성하는 것입니다.

요즘 출간되는 도감은 품질이 아주 우수합니다. 게다가 의식주에서 자연과학까지 주제도 다양해서 아이들이 도감의 세계에 빠질 수 있는 조건은 모두 갖추고 있지요. 따라서 "같이 찾아볼까?"라고 말하며 아이와 함께 도감을 펼치는 경험이 중요합니다.

'우리 애는 이런 걸 싫어할 거야', '여자애니 필요 없겠지' 하는 고정관념에 사로잡혀서 아이가 도감을 접하기도 전에 아이의 가능성을 함부로 재단하지 마세요.

'또 공룡 도감이야? 집에 이런 거 있잖아!'라고 말하지 않기

아이를 기르다 보면(특히 남자아이의 경우) 자주 겪게 되는 일이 있습니다. 그건 바로 아이가 같은 주제의 도감을 볼 때마다 사달라고 조르는 일입니다. 예를 들어 얼마 전에 A사의 도감 시리즈 중에서 물고기 도감을 샀는데, 나중에 B사의 물고기 도감도 사달라고 하더니 급기야 C사의 물고기 도감까지 사고 싶어 하는 겁니다.

대부분의 부모들은 이런 상황에 처하면 '한 권만 있으면 충분하잖아'라고 생각합니다. 하지만 중요한 사실이 있습니다. 부모의 눈에는 똑같아 보이는 도감이 사실 아이에게는 전혀 다르다는 점입니다. 부모가 보기에는 아닌 듯해도 아이는 예리하게 도감을 비교합니다. 그리고 "책마다 오점 촉수가 있네" 혹은 "이 도감에 있는 딱총새우가 더 색이 예뻐" 등의 말을 꺼낼 겁니다. 이것은 정말 굉장한 일입니다. 공통점과 차이점을 발견하는 건 학문의 시작으로, 아이가 그런 말을 한다면 이미 한 단계 더 똑똑해졌다는 것을 의미합니다.

똑같아 보이는 걸 아이가 사달라고 하면 기뻐하세요. 그리고 아이가 만족할 때까지 사주세요. 어떤 부모는 "우리 애는 매일 공룡 도감만 봐요. 다른 것도 보면 좋겠는데" 하고 걱정하지만, 그럴 필요 없습니다. 한 가지 흥미가 돌파구가 되어 아이의 흥미의 폭은 점점 넓어질 테니까요. '질릴 때까지 보게 두는 것'도 무척 중요합니다.

여유를 가지고
단계적으로 접근하자

시작은 익숙한 것부터

어떤 일이든 단계가 있지요? 아이가 도감과 친해지는 것도 마찬가지입니다.

우선, 도감을 고를 때는 전적으로 아이의 취향에 맡기세요. 하지만 아직 흥미의 방향이 확실하지 않거나 부모 역시 도감을 거의 본 적 없는 경우에는 아이도 부모도 모두 당황하게 됩니다. 그런 분들을 위해 제가 설정해놓은 기준을 말씀드리겠습니다.

곤충, 식물, 우주 등 분야에 따라 흥미 분야를 분류하지 말고 자연과학이나 세상의 구조에 대한 아이의 '친숙도'에 따라 도감을 분류해보세요. 지금껏 자연이나 세상일에 별 관심이 없었던(혹은 접하지 않았던) 아이에게 그것들에 대한 세세한 정보가 실린 도감을 건네봤자 아이가 관심을 가질 리 없습니다. 그리고 그게 당연하고요. 그럴 때 '역시 우리 애는 이런 데 관심이 없구나' 혹은 '우리 애는 이 분야는 적성이 아닌 거야'라고 포기하면 안 됩니다. 그러기에는 너무 아깝고, 아이에게도 실례되는 일입니다.

이것은 단순히 '익숙함'의 문제입니다. 수영을 못 하는 사람이 갑자기 바다에서 먼 거리를 헤엄쳐 갈 수는 없습니다. 우선 물에 뜨는 연습부터 시작해 차차 수영 기법을 익혀가야 합니다. 도감도 마찬가지입니다. 욕심 내지 말고 조금씩 단계적으로 접근하는 것이 중요합니다.

도감과 친해지는 방법은 3단계로 나누어볼 수 있습니다.

1단계는 '익숙해지기'입니다. 이 단계에서는 자연과학의 세계를 즐길 수 있는 그림책이나 사진이 많이 실린 책이 좋습니다.

2단계는 '즐기기'입니다. 슬슬 도감으로 들어가세요.

마지막 단계인 3단계는 '깊어지기'입니다. 어느 정도 전문적인 도감도 볼 수 있습니다. 아이가 이 단계에 이르렀다면 거의 만물박사가 되어 있을 겁니다.

여기서 알아두실 것이 있습니다. 앞서 말한 3단계는 연령과는 상관이 없습니다. '우리 애는 이제 여덟 살이니 2단계 도감부터 시작해야 하지 않을까?'라고 생각하면 안 됩니다. 아이가 몇 살이든 조급해해서는 안 됩니다. 아이의 나이에 상관없이 첫 단계부터 차근차근 밟아 올라가세요.

그림책으로 도감에 눈 뜨기

아직 아이의 나이가 두세 살 정도일 때는 1단계의 책도 어려울 수 있습니다. 사실 어린이책 중에는 도감으로 분류할 수 있는 책이 꽤 많습니다. 예를 들어 대부분의 영어 그림사전의 경우 아이의 몸 그림이 있고, 부위별 이름이 적혀 있지요. 사물과 해당 사물의 이름을 연결하는 것은 지식을 넓히기 위한 정보의 기본이 됩니다. 도감의 구조가 근본적으로는 이와 같습니다.

영유아용 책 중에는 숫자의 개념과 덧셈을 배우는 그림책도 있고, 채소나 과일이 주인공으로 등장해 그것들이 자라기까지의 과정을 그림으로 보여주는 책도 있습니다. 동물 사진이 실린 그림책 역시 좋은 책이 많지요. <u>아이는 부모가 읽어주는 이런 책들을 접하면서 '세상에는 즐거운 것도 근사한 것도 많다'는 사실을 자연스레 깨닫게 됩니다.</u> 그것이야말로 자연과학으로 향하는 입구입니다.

아기멧돼지의 신나는 숫자 모험

버디 블랙 지음, 로절린드 비어드쇼 그림, 박신영 옮김 / 사파리 / 2017 / 14,000원

호기심 많은 귀여운 아기멧돼지와 함께 모험하며 1에서 10까지의 수를 익힐 수 있는 그림책입니다. 귀여운 아기 멧돼지를 따라 책장을 하나씩 넘길 때마다 다양한 동물과 물건을 만날 수 있고, 만나는 동물과 물건을 아이 스스로 세어보며 1에서 10까지 수 개념을 익힐 수 있지요. 동물과 물건의 개수가 하나씩 많아지기 때문에 기초 연산인 '더하기'에 대한 개념도 자연스레 인지할 수 있습니다. 더불어 동물과 사물의 이름도 자연스레 접할 수 있어요.

- **말 걸기 포인트:** 책을 모두 읽고 나서 "아기멧돼지가 만난 동물의 수는 몇일까?"라고 물어보세요. 책을 읽으면서 배운 수 개념을 응용할 수 있답니다.

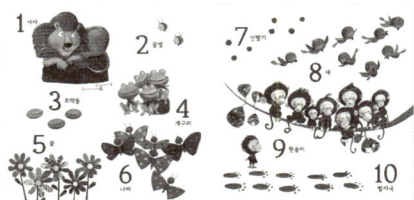

곤충친구 1 2 3
김경미 지음 / 웅진주니어 / 2006 / 7,500원

달맞이꽃에서 잠든 노랑나비, 풀숲의 왕사마귀, 나무껍질에 붙은 장수풍뎅이 등 숨어 있는 곤충들을 찾으며 1부터 10까지 숫자도 익히고, 세밀한 유화 속에 숨은 곤충들을 하나하나 찾으며 관찰력을 키울 수 있습니다.

10 곱하기 10
에르베 튈레 지음, 최윤정 옮김 / 바람의아이들 / 2009 / 9,000원

단순히 숫자를 하나씩 늘려가며 수 세기를 익히는 것이 아니라 독특한 방법과 감각적인 그림으로 숫자에 대한 관심을 유발합니다. 0부터 10까지는 숫자, 11부터 20까지는 손, 21부터 30까지는 색깔 등 10씩 세기 위해 갖가지 소재를 이용한 점도 재치 넘칩니다.

세밀화로 그린 보리 아기그림책
보리 편집부 지음 / 보리 / 2008 / 3권 16,500원

우리나라에 사는 과일, 채소, 동물, 곤충의 모습을 살아 있는 느낌이 드는 세밀화로 보여줍니다. 그림책이면서 완성된 이야기 구조를 가지고 있고, 만 1~2세에게 적절한 단어와 문장이 리듬감이 있습니다.

아삭아삭 과일
삼성출판사 편집부 지음, 나탈리 슈 그림 / 삼성출판사 / 2016 / 9,800원

한 살짜리 아이도 손가락을 움직이며 놀이하듯 배울 수 있는 입체 조작 책입니다. 맛있는 과일의 이름을 배우는 것은 물론, 직접 손가락으로 밀고 당기며 놀이하는 동안 과일의 특징을 더 잘 이해하고 기억하게 됩니다.

채소가 좋아
이린하애 지음, 조은영 그림 / 길벗어린이 / 2016 / 9,000원

땅속에서 자라나는 당근, 뜯어 먹는 상추 등 채소들이 어떻게 자라나고, 어떻게 채취되는지를 알 수 있습니다. 반복되는 문장으로 리듬감을 배울 수 있습니다.

뱀이 색깔을 낳았어요
도다 고시로 지음, 김장호 옮김 / 다빈치기프트 / 2004 / 7,500원

색의 조합을 알 수 있고, 색채 감각을 길러 주는 그림책입니다. 빨강, 파랑, 노랑이라는 3원

색이 있고, 빨강과 노랑을 섞으면 오렌지, 빨강과 파랑을 섞으면 보라가 된다는 사실을 이야기로 쉽게 풀었습니다.

머리가 좋아지는 숨바꼭질: 동물 100
세베 마사유키 지음, 고향옥 옮김 / 비룡소 / 2012 / 13,000원
100마리의 동물들을 만나봅니다. 다채로운 놀이들로 아이들의 창의력을 쑥쑥 키워주며, 커다란 판형에 오밀조밀 작은 그림들이 가득 차 있어 하나하나 살피며 보면 더욱 재미있습니다.

네가 개미니?
주디 앨런 지음, 튜더 험프리스 그림, 신혜정 옮김 / 다섯수레 / 2003 / 7,000원
개미에 대한 과학 지식을 알기 쉽게 쓴 그림책입니다. 개미의 짝짓기, 알에서 개미로 변하는 과정, 먹이, 하는 일 등에 대해 쉬운 말로 설명합니다. 개미의 한살이와 일개미로서 생활하기 등 개미에 대한 지식들이 가득합니다.

브레인 쑥쑥 동물도감 카드
이야기공방 기획·구성 / 학은미디어 / 2015 / 12,000원
생생한 실물 사진으로 관찰력과 탐구력을 기르는 동물도감 겸 이중언어 낱말 카드입니다. 앞면에는 동물 사진을, 뒷면에는 그에 대한 한글 이름과 영어 이름을 수록해 재미있게 언어를 습득할 수 있습니다.

앞 옆 뒤
스즈키 마모루 지음 / 뜨인돌어린이 / 2013 / 11,000원
유아들은 만지고, 듣고, 움직이는 것을 좋아하기 때문에 공간 능력과 지각 능력이 더 빨리 발달한다고 합니다. 귀여운 그림의 이 책은 공간과 지각 능력을 키워주는 그림책입니다.

누구 얼굴?
김정희 지음, 김유대 그림 / 사계절 / 2016 / 11,000원
아기들을 위한 표정 놀이 그림책입니다. 가족과 눈을 맞추고 점차 세상과 익숙해지면서 아기들이 가장 먼저 관심을 갖는 것 가운데 하나가 얼굴이지요. 동물들의 얼굴도 알아가고 익살스러운 표정도 따라하며 즐거운 시간을 보낼 수 있습니다.

누구 코와 발일까요?

존 버틀러 지음 / 그린북 / 2008 / 8,500원

세밀화로 찬찬하게 그린 아기 그림책입니다. 책장 끝에 동물의 코와 발을 살짝 걸쳐서 보여주며 "누구 코와 발일까요?" 묻습니다. 그리고 한 장 넘기면 어떤 동물의 코와 발인지 알려주지요. 눈앞에 있는 듯 생생한 그림이 따스한 느낌을 줍니다.

누구 엉덩이?

김정희 지음, 김유대 그림 / 사계절 / 2016 / 11,000원

아이들이 좋아하는 엉덩이를 여러 동물을 통해 재미나게 보여줍니다. 책을 읽으며 엉덩이를 실룩실룩 해보기도 하고, 엉덩이를 찾아 톡톡 때려보기도 하고, 뒤에서 앞으로 돌아서며 까꿍놀이도 할 수 있습니다.

발발발

우치야마 아키라 지음, 햇살과 나무꾼 옮김, 황보연 감수 / 한솔교육 / 2005 / 절판

크고 생생한 사진으로 여러 동물들의 발을 살펴볼 수 있는 과학 그림책입니다. 책 중간에 실린 실제 크기와 똑같은 사진이 돋보입니다. 절판되었으니 도서관에서 빌려보세요.

동물의 손과 발

가와이 마사오 지음, 야부우치 마사유키 그림 / 진선출판사 / 2006 / 절판

동물들에 대한 퀴즈를 풀면서 포유류에 대한 지식을 얻을 수 있습니다. 다양한 포유류 동물들의 손과 발의 쓰임새를 알려줍니다.

누구일까? 동물 친구

김현좌·마야 지음, 일냄 기획 및 구성 / 이룸아이 / 2017 / 13,000원

쉽고 재미있는 동물 이야기를 통해 동물의 생태를 알려주고 호기심과 관찰력, 상상력, 표현력을 키워주는 자연관찰 놀이책입니다. 아이들의 눈높이에 맞춰 다양한 힌트와 퀴즈 놀이로 흥미롭게 구성했습니다. 다양한 힌트를 활용해 어떤 동물일지 유추하고 연상하는 과정이 스스로 사고하는 두뇌를 깨우고, 관심 있는 동물의 모습을 관찰하며 집중력과 표현력이 쑥쑥 자라납니다.

1단계 : 익숙해지기 – 그림책부터 시작하자

막 도감을 보기 시작한 아이나, 도감에 눈길 한번 주지 않던 아이들의 흥미를 도감으로 돌리기 위해서는 아이가 재미있다고 느낄 수 있는 책인지 아닌지가 아주 중요합니다.

예를 들어 일본에서 출간된 《즐겁게 기린을 키우는 법》이라는 책은 동물원에 있는 기린과 사자, 고릴라를 집에서 키운다는 재미난 콘셉트의 책인데, 전직 동물원 원장이 감수한 매우 진지한 책이기도 합니다. 책에 실린 정보가 다채로워 책을 보는 것만으로도 "사자는 오줌을 쏘는구나!" 혹은 "낙타는 기르기 쉽대"와 같은 대화가 절로 이어집니다. 즐겁게 보는 사이에 아이는 저절로 동물에 대해 해박해집니다. 이 외에도 《신비가 가득한 사진 그림책》 시리즈는 사진 하나하나가 독특합니다. 단순히 해설만 해놓은 책이 아니라 이야기 형식의 구성이라서 읽거나 구경할 때 질리지 않습니다.

'익숙해지기' 단계에서는 그림책을 읽듯 편하게 즐기면서 읽을 수 있도록 부모가 반드시 지도해주어야 합니다. 아이들이 도감에 익숙해지기 좋은 책으로 자연과학 계통의 도서를 소개합니다(한국에서 출간된 책들로 소개합니다).

● 책쟁이엄마의 추천도서 ●

어느 날 갑자기 찾아온 동물을 제대로 키우는 방법
마츠하시 도모미츠 지음, 허영은 옮김, 조신일 감수 / 봄나무 / 2017 / 12,000원

교과서에 나오는 곤충, 애완동물 전문점에서 만날 수 있는 파충류, 시장에서 볼 수 있는 조개와 갑각류 등 다양한 동물의 성격과 좋아하는 먹이, 키우기 적절한 온도, 꼭 필요한 도구까지 모두 담겨 있어 동물을 무서워하던 아이들까지도 재미있게 볼 수 있습니다.

- **말 걸기 포인트:** "풀무치와 비슷하게 생긴 곤충들을 찾아볼까?"라고 물으면서 자연스럽게 관심을 확대시켜주세요.

사람이 뭐야?
최승필 지음, 한지혜 그림, 김신연 감수 / 창비 / 2015 / 11,000원
인간의 생물학적 기원과 진화를 주제로 인간을 인간답게 만드는 특징 여덟 가지를 설명합니다. 이해하기 까다로운 내용을 아이의 눈높이에 맞춰 설명하고, 대상의 특징을 세밀하게 묘사한 그림 덕분에 저학년 아이들도 쉽게 이해할 수 있어요.

우리의 몸
미셸 롱구르 지음, 루시 뒤르비아노 외 그림, 장석훈 옮김 / 아이세움 / 2001 / 12,000원
딱딱하다고 생각하기 쉬운 과학적 지식을 재미있게 알려줍니다. 우리 몸에 대해 충분히 설명하면서도 다양한 장치들이 숨어 있어 호기심과 흥미를 한껏 불러일으킵니다. 어린이들이 직접 들춰보고 이리저리 그림을 돌려보면 숨겨져 있던 놀라운 그림들이 하나씩 드러납니다.

요리조리 열어 보는 우리 몸
어스본코리아 편집부 지음 / 어스본코리아 / 2016 / 13,000원
뼈와 근육, 피와 살, 뇌와 감각까지 우리 몸의 각 기관과 구조, 기능에 대한 지식을 담고 있습니다. 우리 몸속 각 기관, 혈관, 뼈, 근육, 뇌 등을 상세하게 재현한 플랩은 우리 몸이 움직이는 원리와 과정을 시각화해 전달해줍니다.

신통방통 오! 감각
마이크 골드스미스 지음, 사이먼 애보트 그림, 이강환 옮김 / 아이즐 / 2012 / 19,800원
우리 몸이 느낄 수 있는 다섯 가지 감각에 대해 알아보는 입체 팝업북입니다. 책을 펼치면 신기한 착시 그림도 볼 수 있고, 회전판을 돌리면 눈동자의 크기도 커졌다 작아졌다 해요. 플랩을 들춰보며 숨어 있는 정보도 익히고 퀴즈도 풀어보세요.

동물은 뼈부터 다르다고요?
노정임 지음, 안경자 그림, 이정모 감수 / 현암주니어 / 2016 / 12,000원
저학년 아이들이 쉽게 동물을 분류하는 법을 알려줍니다. 책의 마지막에는 더 알아두면 좋을 지식을 정리해 알려줍니다.

아프지 않고 다치지 않게 동물을 제대로 잡는 방법
마츠하시 도모미츠 지음, 허영은 옮김, 조신일 감수 / 봄나무 / 2017 / 12,000원
동물을 좋아하는 어린이라면 '어디를 어떻게 잡아야 할까?' 하고 한 번쯤 생각해본 고민에

명확한 답변을 줍니다. 주변에서 흔히 볼 수 있는 동물을 비롯해 이색 애완동물과 파충류까지 다양한 동물을 제대로 잡는 방법을 알려줍니다.

나를 찾아봐: 보호색
모니카 랑에 지음, 슈테펜 발렌토비츠 그림, 조국현 옮김 / 시공주니어 / 2017 / 11,500원

동물들은 생존을 위해 주변의 사물들과 비슷한 색깔과 모양으로 자신의 존재를 숨깁니다. 이 책을 통해 여러 동물들의 다양한 보호색을 배우면서 동물들의 생태도 익힐 수 있습니다.

여름이네 병아리 부화 일기
최덕규 지음 / 창비 / 2016 / 12,000원

마트에서 산 유정란을 부화시키는 아빠와 아들의 이야기입니다. 온도를 맞추고 지속적으로 살펴보는 과정이 담긴 글에서 생명의 소중함을 느낄 수 있습니다. 부화를 시키고 병아리가 닭으로 커가는 과정까지 체험이 진솔하게 담겼습니다.

수명 도감
이로하 편집부 엮음, 야마구치 카오리 그림, 박현미 옮김 / 봄나무 / 2017 / 20,000원

동물과 식물, 곤충은 물론 음식물과 기계, 건축물에서 천체에 이르는 이 세상 만물의 '수명'을 12개의 범주로 나눠 꼼꼼하게 알려줍니다. 깨알 같은 설명과 귀여운 그림으로 우리 주변 모든 것의 수명과 그와 관련된 삶과 죽음의 이야기를 들려줍니다.

숲에서 놀자, 나무 한살이 생태도감
오장근·명현호 지음 / 가람누리 / 2017 / 22,000원

주변에서 쉽게 볼 수 있는 174종의 나무들이 실려 있습니다. 각각의 나무들에 대해서는 기본 정보를 비롯해 관련 정보와 전문 지식을 최대한 담았습니다. 게다가 나무의 한자어 명칭 앞에 순우리말 표기를 하고, 식물 용어에 대해서도 한자어보다는 가능한 우리말 표기를 채택했습니다. 부록으로 식물의 구조에 관한 기초 지식을 간단한 삽화와 함께 소개하고, 가나다순으로 구성된 용어 해설도 함께 실었습니다.

어디에서 왔을까? 과일의 비밀
모리구치 미쓰루 지음, 이진원 옮김, 현진오 감수 / 봄나무 / 2016 / 12,000원

우리의 식탁에 오르는 다양한 먹을거리의 한살이를 세밀한 그림으로 보여줍니다. 과일들의 생김새와 번식 방법, 살아온 환경까지 두루 담았습니다.

숫자로 보는 놀라운 동물의 세계
롤라 M. 섀퍼 지음, 크리스토퍼 사일러스 닐 그림, 서소영 옮김 / 키즈엠 / 2014 / 11,000원
'기린의 얼룩무늬는 몇 개일까?', '수컷 해마는 평생 몇 마리의 아기를 주머니에서 기를까?' 등 생물의 일생에 숨겨진 숫자의 신비를 재미있게 읽을 수 있습니다.

생태 도감 그림책
마에다 마유미 지음, 이진원 옮김 / 이비락 / 2014 / 13,000원
사람이 기르는 동물, 산과 들에 사는 동물, 사람들이 기르는 새, 주변에서 쉽게 볼 수 있는 새, 주변에서 쉽게 볼 수 있는 생물과 친근한 곤충, 그 밖에 집 주변에서 사는 생물 등으로 분류한 총 152종의 동물들이 살아가는 모습을 담았습니다. 몸의 특징, 좋아하는 먹이, 그들만의 소소한 습성과 사람들에게 주는 유익, 아울러 비슷한 동물 친구들도 함께 소개합니다.

미로 탐험 : 공룡과 인류의 진화
겐타로 카가와 지음, 이은성 옮김 / 문공사 / 2010 / 9,500원
생명이 탄생한 시대부터 고생대, 중생대, 신생대에 걸친 생명의 발달 과정을 시대별로 한눈에 볼 수 있고, 각 시대별로 살았던 동식물을 중심으로 공룡과 인류의 진화까지 두루 공부할 수 있습니다. 미로 속에 숨어 있는 그림과 미로를 찾다 보면 어느새 공룡과 인류의 진화에 대한 지식을 쌓는 알찬 기회가 될 것입니다.

우리 아이 뼈를 튼튼하게 만드는 우유와 치즈
수잔 마르티네 지음, 헬 제임스 그림, 유윤한 옮김 / 베틀북 / 2009 / 8,000원
'완전식품'이라고 불리는 우유, 우유만큼 영양소가 풍부한 치즈에 대한 정보서입니다. 우유와 치즈가 만들어지는 과정, 우유 및 치즈의 종류 등 원료와 숙성 방법에 따라 흥미진진한 이야기가 전개됩니다. 영양 정보까지 있어 건강한 식습관 형성을 돕습니다.

손에 잡히는 과학 교과서 : 여러 가지 물질
강현옥 지음, 허현경 그림 / 길벗스쿨 / 2008 / 9,800원
우리 주위의 물질과 여러 물질의 성질에 대해 알아봅니다. 고대 철학자들이 각기 주장한 만물의 근원을 시작으로 여러 가지 가루, 혼합물, 액체 이야기, 신비로운 용액, 기체 이야기, 연소와 소화까지 과학 개념을 보다 정확하고 흥미롭게 파악하도록 도와줍니다.

어린이 자동차 교실
안드레아 에르네 지음, 볼프강 메츠거 그림, 최진호 옮김 / 크레용하우스 / 2017 / 15,000원
자동차의 이모저모를 전합니다. 자동차의 구조와 작동 원리, 제작 과정, 자동차의 종류, 자동차를 운전하려면 어떻게 해야 하는지 등 자동차에 대한 다양한 정보를 알려줍니다.

나의 첫 우주 그림책
테즈카 아케미 · 무라타 히로코 지음, 테즈카 아케미 그림, 김언수 옮김 / 사계절 / 2011 / 10,800원
'우주란 뭘까?'라는 소박한 의문에 답해주는, 유아와 초등학교 저학년 아이들을 위한 우주 과학책입니다. 천체, 운석, 은하수, 별, 혜성, 허블우주망원경, 국제우주정거장, 인공위성 등 현대 우주과학이 다루는 폭넓은 내용을 쉽고 간결하게 풀어냈습니다.

별별 별난 우주 이야기
닐 레이튼 지음, 손미선 옮김 / 문학동네어린이 / 2006 / 절판
빅뱅부터 현재까지 지구와 생명의 기원과 역사를 한눈에 보여주는 팝업북입니다. 책장을 넘기면서 빅뱅의 소용돌이 속에서 별과 태양계의 행성들이 생겨나는 과정과 원리, 최초의 세포가 어류에서 양서류, 포유류로 진화하는 과정을 차근차근 익힐 수 있습니다.

바닷속 세계
리처드 퍼거슨 지음 / 애플비 / 2007 / 13,500원
하늘하늘 해파리가 떠다니고, 알록달록 앤젤피시가 헤엄치는 푸른 바닷속 세계를 볼 수 있는 책입니다. 페이지마다 들어 있는 생생한 팝업 사진으로 여러 바다생물들을 만나고, 당기면 나타나는 알찬 정보 카드로 바다동물 박사가 될 수 있어요.

보여줘, 궁금한 바닷속
케이트 데이비스 지음, 콜린 킹 그림, 이충호 옮김 / 시공주니어 / 2013 / 13,000원
책장을 넘길 때마다 여러 바닷속 풍경이 눈앞에 펼쳐집니다. 재미있고 흥미로운 그림들 속에 쏙쏙 숨겨져 있는 플랩까지, 플랩을 펼치면 그 안에는 또 다른 지식 정보가 가득해 찾아보는 즐거움이 있습니다.

뼈뼈 수족관
마쓰다 모토코 지음, 오니시 나루아키 사진, 정숙경 옮김, 김웅서 감수 / 시공주니어 / 2012 / 9,000원
다양한 바다생명체의 뼈를 통해 생명의 신비로움과 동시에 바다 생물들의 생태계를 배워봅니다. 물고기를 비롯해 고래, 듀공, 해달 등 물속 생명체들뿐만 아니라 해삼, 해마, 비너스의 꽃바구니 등 신기한 바다생명체의 뼈들도 살펴보며 그들의 특징을 이해합니다.

라루스 바다백과
라루스 편집구성, 로낭 바델 외 그림, 박상은 옮김 / 문공사 / 2006 / 9,500원
쉬운 설명과 상세한 그림으로 사랑받는 라루스 백과 시리즈의 여섯 번째 책입니다. 친절한 선생님이 되어 바다를 둘러싼 어린이들의 궁금증을 하나씩 풀어줍니다. 아이들의 눈높이에 맞춘 생동감 넘치는 그림은 직접 헤엄치며 바다 속을 보는 듯한 느낌을 줍니다.

펭귄과 돌고래도 모르는 수족관의 비밀
나카무라 하지메 지음, 황혜숙 옮김 / 바다출판사 / 2010 / 절판
수족관에 가기 전에 보면 좋을 책입니다. 생동감 넘치는 사진과 함께 '돌고래에게 어떻게 재주를 가르칠까?', '수족관 유리는 정말 깨지지 않을까?', '큰 물고기들이 작은 물고기를 잡아먹지는 않을까?' 등 수족관을 둘러보며 생길 수 있는 궁금증들을 시원하게 풀어줍니다.

어린왕자와 함께 떠나는 별자리 여행
이태형 지음 / 북스타 / 2015 / 17,000원
일상에서 마주하게 되는 별과 우주에 대한 기본 정보와 지식을 다룹니다. 동화 세계와 과학 세계를 넘나들며 밤하늘 별자리와 우주천문학을 알기 쉽게 설명합니다. 어린왕자를 따라가다 보면 우주 끝까지 여행하고 어느새 천문학에 대한 지식을 넓힐 수 있습니다.

눈으로 배우는 수학
어린이클럽 편저, 이용택 옮김, 시미즈 요시노리 감수 / 이너북주니어 / 2016 / 15,000원
생활 속에서 쉽게 접할 수 있는 문제를 즐길 수 있도록 만든 책입니다. 책에 있는 재미있는 사실들을 스스로 직접 실천해보면 수학에 대한 재미가 쑥쑥 늘어날 것입니다.

동물은 어떻게 세상을 볼까요?
기욤 뒤프라 지음, 정미애 옮김 / 길벗어린이 / 2014 / 18,000원
고양이와 소, 새와 곤충들의 눈에 세상이 어떻게 비치는지를 일러스트로 표현한 그림책입

니다. 동물의 눈에 달린 플랩을 젖히면 동물이 보는 세상이 펼쳐져 무척 흥미롭습니다.

사계절 생태도감: 자연 속 보물 찾기

모리구치 미쓰루 지음, 김해창·박중록 옮김 / 사계절 / 2008 / 13,800원

계절마다 볼 수 있는 동식물의 생태를 그림으로 설명한 책입니다. 생생하게 그려진 진귀한 생물과 자연의 모습을 보여줌으로써 자연에 대한 흥미와 호기심, 생태계의 소중함을 느끼게 해줍니다.

사계절 생태놀이: 봄

붉나무 지음 / 길벗어린이 / 2011 / 8,000원

봄에 볼 수 있는 들나물, 봄에 피는 꽃, 봄에 볼 수 있는 곤충을 만나봅니다. 주위에서 쉽게 만나는 꽃으로 화전을 부쳐서 먹고, 개나리꽃으로 목걸이를 만들고, 돌멩이와 나뭇가지로 벌레를 만들어 놀다 보면 어느새 자연을 가깝게 느끼게 됩니다.

킁킁 누구의 자국일까?

르네 라히르 지음, 조병준 옮김 / 웅진주니어 / 2011 / 10,000원

발자국, 둥지, 긁힌 자국, 모아둔 먹이나 먹다 남은 먹이, 알 또는 껍데기, 목욕 흔적, 똥과 오줌, 냄새, 털이나 깃털 등 동물들이 남기는 흔적은 무척이나 다양합니다. 동물들이 흔적을 남기거나 남기지 않는 이유를 알아보며 동물들의 생태를 알아갑니다.

첨벙첨벙 물에 살아요

르네 라히르 지음, 조병준 옮김, 김웅서 감수 / 웅진주니어 / 2011 / 10,000원

어류를 비롯해 곤충, 양서류, 연체동물, 조류, 파충류, 포유류에 이르기까지 물에 사는 동물 100여 종을 한눈에 볼 수 있는 생태 그림책입니다. 물에 의지하는 정도는 조금씩 다르지만, 환경에 맞춰 모두 멋지게 살아가고 있다는 사실을 섬세한 그림으로 보여줍니다.

똥 똥 귀한 똥

보리 편집부 지음, 김시영 그림 / 보리 / 2004 / 11,000원

동물들은 저마다 먹이가 다르기 때문에 똥의 모양과 성분이 다르고, 똥을 천연 비료로 이용하기 위해 만들어진 농촌의 화장실 구조 등 똥과 관련된 지식을 재미있게 알려줍니다. 의성어와 의태어를 섞어 리듬감을 살린 간결한 글을 따라 읽으며 우리말의 재미도 한껏 느껴봅니다.

냄새 나는 책: 방귀
백명식 지음 / 파랑새어린이 / 2016 / 12,000원

몸에서 나는 다섯 가지 냄새에 관해 다룬 그림책입니다. 더럽고 지저분한 배설물 이야기를 재미있어하는 어린이의 심리를 꿰뚫은 기획으로, 재기발랄한 아이디어가 돋보입니다.

몬스터과학: 충전 100% 에너지 세계로 출동
이희주 지음, 김소희 그림 / 웅진주니어 / 2016 / 11,000원

꼬리에 꼬리를 물고 이어지는 아이의 질문과 에너몬의 명쾌한 대답을 통해 에너지를 이해하는 데 필요한 지식을 채워주는 에너지 지식 백과입니다. 과학 놀이터에 온 듯 신나는 놀이와 실험을 통해 에너지에 대해 알아가도록 도와줍니다.

짜잔, 독특한 기생충을 소개합니다
서민 지음, 김석 그림 / 웅진주니어 / 2017 / 12,000원

우리는 기생충이라고 하면 혐오스럽게만 생각하지 사실 기생충에 대해 잘 알지 못합니다. 이 책에서는 기생충에 대한 기본적인 지식부터, 다양한 기생충들이 살아가는 방식과 기생충에 대한 잘못된 지식까지 밝혀줍니다.

어린이 과학 잡지

과학 잡지는 한 달에 한두 번 발간되기 때문에 그때그때 시의성에 맞는 기사를 볼 수 있고 사진과 그림이 풍부하게 들어 있어 좋은 도감이 됩니다. 초등학생 대상의 잡지의 경우 구성이나 내용이 비슷한 면이 있으므로 서점이나 도서관에서 각각 살펴보고 아이가 더 좋아하는 잡지로 구입하길 추천합니다. 영재학교에 간 저희 아들도 어렸을 때 가장 많이 본 책이 과학 잡지였습니다. 지나간 잡지라 해도 관심 있는 분야는 다시 찾아보고 자꾸 들춰보는 모습을 발견할 수 있어요.

- **어린이 과학동아** (동아사이언스 / 8,500원): 한 달에 두 번 발간됩니다. 과학자들이 직접 시나리오와 그림에 참여해 과학에 대한 올바른 지식을 갖게 합니다.
- **과학소년** (교원 / 9,000원): 유치원생부터 초등학생 정도 되는 아이들이 여러 가지 과학 정보를 재미있고 부담 없이 접할 수 있는 잡지로 격주 발행됩니다. 초등학교 교과서와 연계되는 교과 맵이 있어 학교교육과 연결하여 찾아볼 수 있습니다. 어린이들의 흥미를 끌 수 있는 만화, 동영상 자료를 볼 수 있는 QR 코드도 수록되어 있습니다.

2단계: 즐기기 – 도감을 가지고 신나게 놀자

아이가 도감에 익숙해졌다 싶으면 2단계인 '도감과 즐기기' 단계로 들어가세요. 이 시기에 즐길 수 있는 도감은 크게 세 가지 유형으로 분류할 수 있습니다.

동물, 식물, 우주 등 분야별로 나누어놓은 '도감다운' 유형입니다.

'비교하는' 즐거움이 가득

'THE 도감' 유형에 속하는 도감은 특정 주제와 관련된 특징이나 정보를 다양한 각도에서 소개합니다. 정보량이 많아 읽는 이에게 지적 만족감을 주지요.

정보가 잘 정리되어 있으므로 실제 체험이나 영상을 본 뒤에 궁금했던 점을 확인하고 기억하기에 안성맞춤입니다. 예를 들어 토끼에 대한 도감에서는 토끼의 실제 크기, 서식지, 먹이의 종류 등 단편적인 정보를 모아두었습니다. 그래서 해당 도감을 보면서 아이와 "이 토끼는 몸은 큰데 체중은 가볍네", "가장 작은 토끼는 누굴까?" 등의 대화를 이어갈 수 있습니다.

양서 파충류 도감

이주용 그림, 심재한 · 김종범 감수 / 보리 / 2016 / 20,000원

우리나라에 사는 양서류 16종과 파충류 20종을 담았습니다. 저수지까지 가서 알 낳는 두꺼비, 한밤중에 논둑에 나가 손전등으로 찾아낸 청개구리, 지금은 사라져가는 참개구리, 독이 있는 뱀들, 흔히 볼 수 없는 남생이까지 한 종 한 종 모두 발로 뛰어다니며 취재했습니다. 한살이 과정, 짝짓기하는 모습, 꼬리를 자르고 달아난 도마뱀, 뱀이 벗어놓은 허물 따위의 동물 생태 그림도 생생하게 볼 수 있습니다.

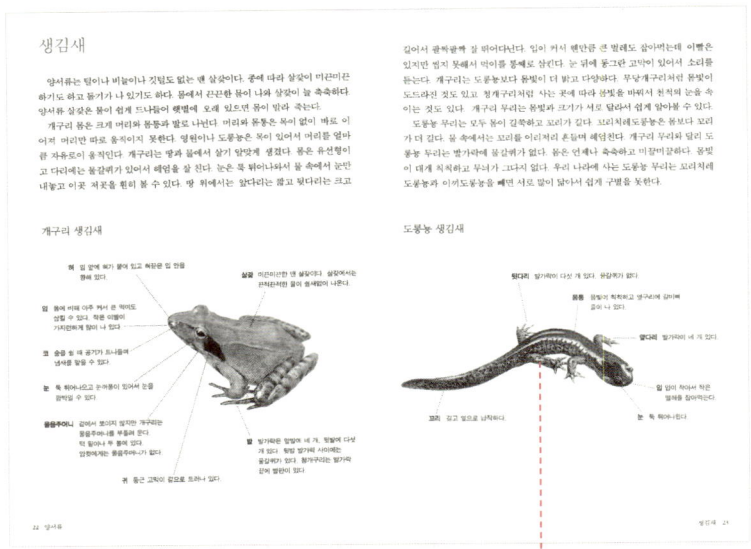

- **흥미 포인트:** 요즘 아이들은 박물관을 가지 않으면 가까이에서 자연을 관찰할 기회가 적어요. 더군다나 양서류, 파충류는 생김새가 예쁜 편이 아니어서 박물관에 가도 자세히 보지 않게 되죠. 그런데 이 책은 그런 양서류, 파충류를 은은한 색감의 세밀화로 표현해서 거부감 없이 관찰할 수 있어요.

"징그러운 줄만 알았는데, 자세히 보니 귀엽기도 하다, 그치?" 하며 아이가 양서류, 파충류에 관심을 갖게 유도해주세요.

내셔널지오그래픽 키즈 세트
내셔널지오그래픽협회 지음 / 삼성출판사 / 2016 / 30권 120,000원
생생한 사진과 간결한 글로 동물들의 이야기를 들려줍니다. 내셔널지오그래픽 전속 사진작가들이 찍은 생동감 넘치는 사진이 짜임새 있게 구성되어 있고, 사진 중심의 짧은 글로 이루어진 level 1부터 사고력을 길러주는 level 3까지 있어 처음 도감을 접하는 유아들도 부담 없이 보기에 좋습니다.

우리의 몸
스티브 파커 지음, 줄리아노 포르나리 그림, 김재면 옮김 / 루덴스 / 2009 / 20,000원
우리의 인체를 머리와 목, 가슴, 팔과 손, 배, 다리와 발 등의 주요 부위로 나누어 뼈, 근육, 혈관 등을 차례로 보여주며 각 기관들이 하는 일들을 차근차근 설명합니다. 초등 고학년 이상의 아이들이 보기에 적합하고 좀 더 깊은 지식을 요구할 때 보면 좋습니다.

우리 땅 곤충 관찰기: 신기한 능력을 가진 곤충들
정부희 글·사진, 최미란·조원희 그림 / 길벗스쿨 / 2016 / 13,000원
우리나라 곳곳에 사는 신기한 능력을 가진 곤충 14종을 재미난 말과 정확한 사진으로 알려줍니다. 생생한 사진과 아이들의 눈높이에 맞춘 글과 귀여운 그림이 시선을 사로잡습니다.

공룡
브누아 들라랑드르 지음, 앙드레 부스 그림, 김이정 옮김, 허민 감수 / 주니어RHK / 2010 / 15,000원
공룡에 관한 온갖 궁금증에 대한 답이 이 책에 담겨 있습니다. 공룡의 시작과 공룡의 종류별 특징, 공룡의 먹이, 공룡의 습성, 공룡이 살았던 시대에 대한 이야기 등이 펼쳐집니다. 책 속의 책, 플랩 등이 페이지마다 여러 개씩 들어 있어 더욱 알차고 자세한 정보를 얻을 수 있습니다.

모험 도감: 캠핑과 야외생활의 모든 것
사토우치 아이 지음, 마쓰오카 다쓰히데 그림, 김창원 옮김 / 진선BOOKS / 9,800원
야외 생활이나 일상생활에서 필요한 것이나 즐기는 방법을 정밀한 일러스트로 표현한 도감입니다. 책 속에 소개된 일기도를 읽는 법, 아궁이를 만드는 법, 풀꽃을 이용한 놀이 등을 읽다 보면 직접 해보고 싶은 마음이 들 것입니다.

Q&A 유형

아이의 '왜?', '뭐?', '어째서?'에 답해주는 Q&A 형식의 도감입니다. '애들은 왜 학교에 가야 해?', '왜 똥에서는 구린내가 나?'와 같은 생활하다 생기는 의문에 대한 답이 들어 있는데, 찾기 쉽고 설명도 잘되어 있어서 의문이 생겼을 때 바로 찾아보고 답을 얻을 수 있습니다.

Q&A 도감을 볼 때는 부모가 애써 생각하거나 내용을 부풀릴 필요가 없습니다. 그저 아이와 같이 봐주기만 해도 아이의 마음에서 '어째서?', '그렇구나~', '재미있다!'와 같은 생각이 생겨납니다.

아이는 주변의 모든 것이 궁금하다

Q&A 도감은 아이가 할 수 있는 질문과 그것에 답하는 형식의 도감입니다. '똥은 왜 갈색이야?', '하늘은 왜 파래?'처럼 질문에 대한 답을 알기 쉽게 설명해주는 것이 특징입니다.

하지만 아이가 도감에 나오는 질문의 답에 대해 관심을 표현하지 않을 때도 가끔 있습니다. 달걀을 따뜻하게 품어본 경험이 없는 아이에게 "슈퍼에서 사온 달걀을 따뜻하게 해주면 병아리가 태어날까?" 하고 질문해봤자 아이는 공감하지도, 흥미를 느끼지도 않기 때문입니다.

그럴 경우에는 도감에 실린 소재를 아이가 알 만한 일상 속 친근한 예로 바꾸어 이야기해보세요. "어제 먹은 삶은 달걀은 분명 덥혀서 만든 거야. 그런데 왜 병아리가 태어나지 않았을까? 따뜻하게 덥혀주면 알에서 병아리가 나온다고 책에는 나오는데 말이야"라고요. 자신과 관련된 이야기가 나오면 아이의 흥미는 자연히 생겨납니다.

<u>아이가 스스로 도감을 펴는 일이 늘어나고 독서 습관이 잡히기 시작하면 '왜?' 혹은 '어째서일까?'와 같은 내용이 주를 이루는 책을 보여주세요.</u> 하지만 이런 책들은 그림이나 사진이 도감에 비해 적기 때문에 아이가 관심을 덜 가질 수도 있습니다. 그런 책들을 보여주었을 때 아이가 관심을 갖지 않는다면 부모가 직접 아이에게 책을 읽어주세요. 부모가 좀 더 주도적으로 나서서 즐거운 분위기를 연출하는 것이 중요합니다.

● 책쟁이엄마의 추천도서 ●

세상의 비밀을 밝히는 365일 탐구생활

리자 리너만 지음, 앙케 M. 라이츠겐 그림, 유영미 옮김, 김정식 감수 / 다림 / 2013 / 9,500원

"낮에는 왜 별이 보이지 않을까?", "물이 들어 있는 유리컵 속의 빨대는 왜 더 커 보일까?" 등 짧은 시간에 궁금증을 풀 수 있는 간단한 질문과 탐구, 독특하고 재미있는 탐구 아이디어와 세상의 비밀을 쉽게 풀 수 있는 영리한 탐구 방법들까지 아이들의 탐구심을 자극해 창의와 상상력의 세계로 안내합니다. 각 탐구활동마다 필요한 준비물과 접근하는 질문들, 그 활동 내용을 상세히 설명합니다.

● **흥미 포인트:** 제시된 주제를 과학적으로 탐구해보는 페이지예요. 아주 사소한 궁금증이라도 과학적으로 확인하는 과정을 통해 세상의 모든 현상에 과학의 원리가 숨겨져 있고, 호기심을 과학적으로 증명하며 풀 수 있다는 사실을 눈으로 확인할 수 있어요.

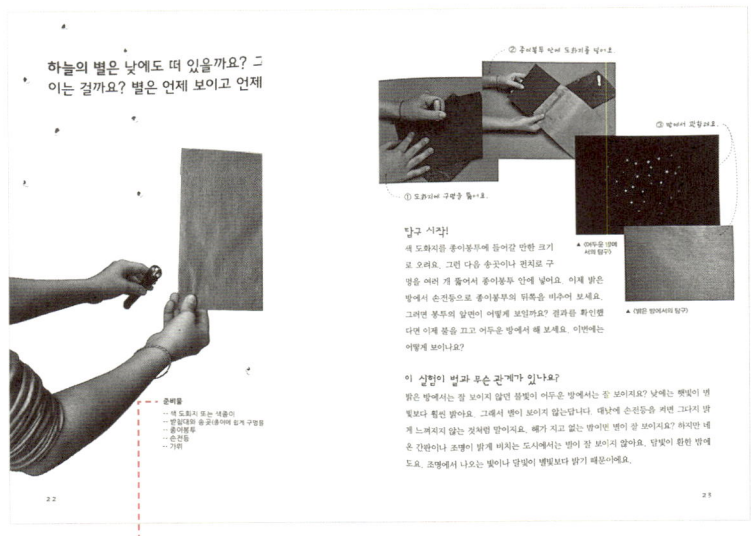

💬 준비물까지 적혀 있으니 아이와 함께 준비하고 탐구까지 해보세요.

우리 아이 첫 과학백과
이자벨 푸제르 지음, 멜라니 알라그 그림, 김수진 옮김 / 아름다운사람들 / 2012 / 18,000원
아이가 일상생활에 느끼는 다양한 궁금증을 명쾌하게 풀어내며, 학교에서 꼭 알아야 할 갖가지 과학 용어나 지식이 응축되어 있습니다. 인체, 우주뿐만 아니라 일상생활과 역사 이야기 등 폭넓은 과학 상식을 고루고루 접할 수 있습니다.

초등학생이 가장 궁금해하는 신비한 인체 이야기 30
장수하늘소 지음, 우디 그림 / 하늘을나는교실 / 2013 / 11,000원
어린이들이 가장 궁금해하는 인체 이야기 30가지를 실었습니다. 인체에 대한 다양한 정보와 상식을 만화와 일러스트와 사진으로 친절하고 재미있게 알려주는 한편, 학습 정보 면에서는 생생한 사진과 일러스트를 다수 수록해 한눈에 쏙쏙 들어오도록 만들었습니다.

공부 도와주는 비교사전
이안 그레이엄 지음, 마크 버진 그림, 오지현 옮김 / 키다리 / 2011 / 13,000원
세상의 최대, 최고, 최강, 최초 등 기네스북에 버금가는 놀라운 수치와 기록들을 한눈에 보여주고 비교합니다. 자그마한 곤충부터 커다란 동물, 건축물, 기차와 자동차, 비행선과 우주선까지 주변의 다양한 사람, 사물과 자연물들의 크기, 넓이, 수명, 거리, 속도, 무게, 부피, 개체수 등을 망라해 '극단적인 비교'를 보여줍니다.

어린이 식물 비교도감
윤주복 글·사진, 류은형 그림 / 진선아이 / 2014 / 12,800원
귤나무와 탱자나무, 소나무와 잣나무처럼 생김새가 비슷해서 구별하기 어려운 식물들을 사진으로 자세히 비교해 올바로 구별할 수 있도록 도와줍니다. 뿌리, 줄기, 잎, 꽃, 열매 등을 비교하기 때문에 식물의 기본 구조와 식물을 관찰하는 방법까지 저절로 익힐 수 있습니다.

처음 만나는 사람의 몸, 동물의 몸
이상권 지음, 김미정 그림 / 한권의책 / 2017 / 14,000원
사람 몸의 부위 19곳에 대한 설명과 함께 수많은 동물들의 몸을 비교해 보여줍니다. 사람의 몸에 대해 더 많이 알게 되고, 우리 몸을 더 소중하게 여기게 될 것입니다.

최고를 찾아라! 동물 기네스북
스티브 파커 지음, 강미라 옮김 / 국민서관 / 2014 / 16,000원

여러 분야에서 최고 기록을 가진 동물들을 한 권에 모았습니다. 가장 무거운 동물, 가장 똑똑한 동물, 가장 작은 동물 등 60개 부문에서 최고 기록을 가지고 있는 동물들을 선명한 사진과 생생한 그림, 친절하고 자세한 설명 등 다양하고 정확한 정보로 소개합니다. 동물에 관심이 많은 어린이들에게 호기심과 즐거움을 선물할 것입니다.

과학이 재미있는 그림 교과서
조승현 지음, 최은영 그림 / 한솔수북 / 2015 / 12,000원

일상생활에서 일어나는 일들에 대한 과학적 원리를 알려줌으로써 과학이 어려운 과목이 아님을 알게 해줍니다. 부록으로 '과학 그림사전'을 두어 어린이들에게 맞춰 쓴 쉬운 용어 풀이와 관련 그림으로 개념을 총정리할 수 있도록 했습니다.

지구는 왜 똥으로 가득 차지 않을까?
마쓰오카 다쓰히데 지음, 고향옥 옮김 / 비룡소 / 2015 / 11,000원

똥에 관한 재미난 질문으로 자연의 생태 흐름을 한 권에 묶은 이 책은 조류, 어류, 포유류, 파충류 등 다양한 동물계의 특징을 쉬운 설명과 생생한 그림으로 보여줍니다. 동물원에서도 보기 어려운 곤충류와 해조류까지 폭넓게 담겨 있어 200종 이상의 동물들을 살펴볼 수 있습니다.

공상과학 독본 (1~4)
야나기타 리카오 지음, 김영종 옮김 / 대원씨아이 / 2010, 2011 / 각 9,800원

만화와 애니메이션에 등장하는 설정을 과학적으로 풀이했습니다. "대나무 헬리콥터(만화 〈도라에몽〉에 등장하는 도구)가 실제로 있다면 정말 하늘을 날 수 있을까?", "빨간 모자에 나오는 늑대의 크기는?"처럼 만화영화나 동화에 등장하는 공상과학과 관련된 화제를 과학적으로 진지하게 검증합니다. 진지하지만 어이없는 매력에 빠져들 수 있어요.

동물과 식물 이름에 이런 뜻이?!
노정임 · 이주희 지음, 안경자 그림 / 철수와영희 / 2015 / 13,000원

우리가 흔하게 부르는 황소, 호랑이, 지렁이, 비둘기, 진달래, 무궁화 등 38종의 동물과 식물 이름에 대해 '왜?'라는 질문을 던지면서 어원을 살펴봅니다. 동식물의 생태와 함께 동식물과 관련된 우리나라의 문화와 역사를 어린이 눈높이에서 재미있게 알려줍니다.

두근두근 수학섬의 비밀
사쿠라이 스스무 지음, 후와 고이치로 그림, 최종호 옮김, 김상목 감수 / 진선아이 / 2013 / 10,800원

수학에 재미를 느끼게 되는 놀라운 연산법과 흥미로운 수학 상식을 소개하는 스토리텔링형 신개념 수학책입니다. 주인공 소년이 동료와 함께 숫자의 보물섬을 향해 모험을 떠나는 내용입니다. 그 여정 속에서 숫자의 신비를 배워가는 이야기로 일러스트와 도해가 곁들여져 있어 재미있게 읽을 수 있습니다.

마법의 숫자들
조니 볼 지음, 이소라 옮김 / 비룡소 / 2005 / 15,000원

인간은 어떻게 수를 세기 시작했을까요? 세계의 숫자들은 어떤 모양일까요? 마방진, 황금비율, 원주율 같은 신기한 '마법의 숫자'들은 도대체 어떤 원리를 갖고 있을까요? 수뿐만 아니라 도형, 논리, 수학자들에 이르기까지 수학에 얽힌 다양한 지식을 들여다봅니다.

수학으로 바뀌는 세계
조니 볼 지음, 이소라 옮김 / 비룡소 / 2009 / 15,000원

우리 생활이 수학과 얼마나 밀접하게 연관되어 있는지를 보여줍니다. 페이지마다 특정 주제에 대한 내용으로 꾸며져 있으며, 과학이나 수학과 관련된 간단한 문제가 흥미를 더합니다. 직접 수학 수수께끼를 풀어보면서 과학과 수학의 재미를 함께 느낄 수 있습니다.

분수와 소수
로지 디킨스 지음, 베네데타 조프레 · 엔리카 루시나 그림 / 어스본코리아 / 2016 / 14,000원

덧셈, 뺄셈보다 아이들은 분수, 소수를 어려워하지요. 플랩 곳곳을 열어보며 분수와 소수, 백분율의 개념부터 쓰임새, 비교법까지 차근차근 알아갑니다. 그림과 플랩으로 재미있게 원리를 이해할 수 있게 도와줍니다.

오키도 14 : 머리카락은 왜 자랄까?
오키도(OKIDO) 지음, 고정아 옮김 / 문학수첩 리틀북 / 2017 / 10,000원

어린이 과학 창의 잡지로, 매달 한 가지 주제를 정해 신나는 어린이들의 호기심과 흥미를 놀이로, 그림으로, 퀴즈로, 이야기로, 때로는 노래와 시로 탐구할 수 있도록 이끕니다. 다채로운 이야기와 만화, 요리, 시 등으로 구성된 본책과 미로 찾기, 숨은그림찾기, 자유롭게 칠하고 접고 자를 수 있는 놀이판 등 다채로운 활동을 담은 별책 부록으로 구성되었습니다.

비주얼 백과사전 유형

비주얼 백과사전형 도감은 폭넓은 장르를 망라한 게 특징입니다. 관심의 방향이 폭넓게 뻗어 있는 아이라면 적극 추천합니다. 'THE 도감' 유형을 좋아하지 않는 아이라도 비주얼 백과사전형 도감은 재미있어 하는 경우가 종종 있습니다.

볼거리가 가득해서 놔두기만 해도 좋다

비주얼 백과사전형 도감의 가장 큰 특징은 폭넓은 정보를 망라했다는 데 있습니다. 도감의 어디를 펼치든 상관없습니다. 책장을 넘기다 재미있어 보이는 페이지를 발견해서 아름다운 사진 혹은 일러스트를 감상하는 것만으로도 충분히 가치가 있습니다. 꺼내 보는 횟수는 적을지 모르지만 얻게 되는 정보의 다양성은 앞서 소개한 다른 도감들과 비교할 수 없습니다. 거실에 두기만 해도 가치가 있는 도감입니다.

● 책쟁이엄마의 추천도서 ●

위험한 백과사전

로라 불러 · 리처드 워커 · 수전 케네디 · 짐 파이프 지음, 이한음 옮김 / 비룡소 / 2011 / 25,000원

'위험'이란 주제에 맞춰 수집한 방대한 양의 정보를 어린이들이 보기 좋게 편집한 구성력이 특히 돋보입니다. 현미경 사진을 비롯한 여러 종류의 사진, 도표와 일러스트 등 호기심을 자극하고 이해를 돕는 시각 자료를 풍부하게 실었고 만화책처럼 구성한 일부 페이지는 위험에 관한 역사 속 일화를 생생하게 전합니다.

Original Title: Danger!
Copyright © Dorling Kindersley Limited, 2010
A Penguin Random House Company

- **흥미 포인트:** 일러스트, 사진 등 다양한 표현 기법이 재미있게 위험한 것들을 탐구할 수 있게 도와줍니다.

- **말 걸기 포인트:** 아이가 특히 무서워하고 두려워하는 것이 있다면 "상어도 학교가 있네" 식으로 재미있게 접근해주세요.

DK 비주얼 박물관
웅진 편집부 지음 / 웅진다책 / 2017 / 80권 880,000원

생물, 인체, 기술부터 역사, 예술에 이르기까지 광범위한 분야를 다룬 수준 높은 도감이지만 고가의 세트로 판매되기 때문에 주로 도서관에서 아이들이 좋아하는 분야의 책들로 빌려다 보기를 추천합니다. 인기 있는 책이라 거의 모든 도서관에 구비되어 있어요.

고래는 왜 바다로 갔을까?
과학아이 지음, 엄영신·윤정주 그림 / 창비 / 2000 / 11,000원

고래에 관한 모든 것을 재미있게 알려주는 과학 그림책입니다. 어린이들에게 마치 재미있는 이야기를 들려주는 듯한 어투와 익살스런 그림, 풍부한 사진들로 선사 시대부터 흔적이 남아 있는 고래의 생태를 설명합니다. 어린이들이 환경을 보존해야 하는 중요성을 깨닫게 해주는 데에도 많은 도움을 줍니다.

눈으로 보고 바로 이해하는 비주얼 과학
캐롤 보더먼 외 지음, 박유진 옮김 / 청어람아이 / 2017 / 21,800원

생물학, 화학, 물리학의 개념을 시각적 자료를 통해 한 번에 이해할 수 있게 도와줍니다. 그림만 보아도 문제를 어떻게 풀어나가야 할지 머릿속에 그려집니다.

아트 동물 그림책
스티브 젠킨스 지음, 김맑아·김경덕 옮김 / 부즈펌어린이 / 2015 / 24,000원

여러 질감의 종이를 찢고 자르고 붙여서 만든 스티브 젠킨스의 작품들은 독특하면서도 매우 사실적이어서 사진이나 세밀화보다 훨씬 더 생생하게 다가옵니다. 또 아이들이 궁금해하고 흥미로워할 만한 주제들만 쏙쏙 뽑아 소개하는 동물 이야기들은 두껍고 어렵기만 한 백과사전보다 훨씬 알차고 재미있답니다. 동물 세계에 대한 지식은 물론 자연에 대한 호기심과 관찰력, 상상력과 예술적인 감각까지 키울 수 있습니다.

진짜 진짜 재밌는 과학그림책
리즈 마일즈 지음, 김은영 옮김, 김태우 감수 / 부즈펌어린이 / 2016 / 24,000원

어린이들이 궁금해하는 곤충, 식물, 동물, 인체, 우주, 환경 등 세상의 모든 과학 지식을 생생하고 인상적인 일러스트와 함께 소개합니다. 지구의 탄생에서부터 오늘날까지, 작은 생물이 살고 있는 흙 속에서부터 거대한 우주에 이르기까지, 이 세상을 과학 지식을 통해 탐구하도록 도와줍니다.

 엄마들은 종종 "도감을 어떻게 봐야 할지 도무지 모르겠다"고 호소합니다. '도감은 남자아이용 물건'이라는 인상이 강해 어렸을 때부터 거의 본 기억이 없다는 엄마도 있고, 낯설다는 엄마도 있습니다. 하지만 어렵게 생각할 필요가 없습니다. 그냥 즐기면 됩니다. 아래의 두 가지 방법만 명심하면 아이는 반드시 도감에 빠져들 거예요.

<u>도감을 즐기는 첫 번째 방법은 비주얼 중심으로 보는 거예요.</u> 일러스트나 사진이 풍부하다는 게 도감의 가장 큰 장점입니다. 아이와 함께 도감 속 시각자료들을 보며 떠오른 생각을 이야기 나누기만 하면 됩니다. 대화의 물꼬는 "이건 ○○구나"라는 말로 트면 됩니다.

"이 나비는 무늬가 참 예쁘구나."
"우와, 이 원숭이 좀 봐! 표정 진짜 재미있다."
"역시 상어는 박력 있네!"

아이와 함께 왁자지껄 떠들며 도감을 보세요. Q&A와 백과사전 유형의 도감을 볼 때도 마찬가지입니다.

어떤 가정에서는 아이가 생물 도감을 꺼내 펼친 뒤 "엄마, (이 사진 중에) 어느 게 제일 좋아?" 하고 묻는다고 합니다. 그러면 엄마는 "어디 보자, 엄마는 이게 좋네. 너는?" 하고 되묻습니다. 그런 식으로 '좋아하는 것 찾기 놀이'를 이어 하는 것도 좋지요. 그게 힘들다면 아이의 물음에 "너는 뭐가 좋아?"라고 응수하며 놀아만 줘도 충분합니다.

그런 식으로 여러 번 도감을 펼치다 보면 어느 순간 아이가 먼저 다가와 "여기 읽어줘"라며 도감에 실린 각종 정보에 관심을 보이게 됩니다.

두 번째 방법은 아이가 흥미를 가질 만한 부분만 읽어주는 것입니다. 예전에 네 살짜리 아이가 "엄마, 이거 읽어줘!"라면서 공룡 도감을 가져온다며 고민하는 엄마를 만난 적이 있습니다. 그 엄마는 실로 난감해하며 제게 토로하더군요.

"도감을 어떻게 읽어줘야 할지 모르겠어요. 글자 하나하나를 다 읽어줄 수도 없는 노릇이고요."

그 엄마는 워낙 성실한 성격이라 '이왕 읽어주는 거 제대로 읽어줘야 해'라고 생각한 듯합니다. 하지만 곧이곧대로 읽어줄 필요가 전혀 없습니다. 아이의 "이거 읽어줘"는 '놀아줘'와 같은 의미입니다. 엄마와의 소통을 바라는 것이죠. "안킬로사우루스. 안킬로사우루스과. 체장 약 9m. 백악기 후기…"와 같은 내용을 읽어줘봤자 아이는 금세 싫증을 냅니다.

그러니 첫 페이지부터 순서대로 상세히 읽어줘야 한다는 생각은 떨쳐내고 아이가 흥미를 보이는 부분만 찾아서 읽어주세요. "네가 좋아하는 트리케라톱스는 어디 있을까?" 하는 식으로 아이가 좋아하는 것을 함께 찾아보는 것도 좋겠네요.

아이는 성별에 상관없이 친숙한 존재에 흥미를 느낍니다. 예를 들어 '방귀'나 '똥'과 같이 몸에 관련된 것과 자신이 좋아하는 것에 관심을 갖기 쉽지요. 그런 내용이 실린 도감을 먼저 골라 보는 것도 아이의 흥미를 높이는 한 가지 방법입니다. 무엇보다도 아이의 관심에 맞추는 것이 가장 중요합니다.

아이의 관심이 줄어들었다 싶으면 얼른 재미있어 보이는 다른 페이지로 이동하세요. 아이가 제대로 읽게 만들어야 한다는 강박관념에 사로잡혀 "서식지는 어디지?", "파충류와 양서류는 이런 차이가 있어"처럼 아이를 가르치려 들면 되레 아이는 도감을 싫어하게 됩니다.

3단계: 깊어지기 – 만물박사가 된 우리 아이

이제 마지막 단계인 '깊어지기'로 들어가볼까요?

아이가 도감의 재미를 제법 알게 되고 좋아하는 주제가 확실해지면 아이는 스스로 도감을 꺼내 읽기 시작합니다. 이 단계까지 왔다면 한 발 더 들어간 도감에 손을 뻗어볼 때입니다.

저는 중고등학생 이상이 보는 전문 도감을 추천합니다. 예를 들어 원소 도감은 원소에 문외한이 사람이 봐도 그 안에 담긴 아름다운 사진 때문에 기분이 좋아집니다. 동물의 골격을 담은 사진집은 "코끼리의 두개골은 이런 구조구나"처럼 놀랍고 새로운 발견을 할 수 있습니다.

'우리 애는 아직 어리니 수준 높은 도감을 봐봤자 이해하지 못할 거야'라는 생각은 하지 마세요. 어린아이이기 때문에 진짜를 접하면 감성이 자극되는 경우도 있습니다.

도서관에는 큰 판형의 사진집 코너나 생물, 식물, 광물, 의학 관계 등 전문 분야 코너에 전문 도감이 마련되어 있습니다. 서점도 마찬가지이고요.

● 책쟁이엄마의 추천도서 ●

교과서와 함께 보는 어린이 과학사전

오픈키드 어린이사전 편찬위원회 지음 / 열린어린이 / 2006 / 35,000원

어린이들이 과학을 이해하는 데 꼭 알아야 할 내용을 초등학교 과학 교과서에 나오는 낱말과 어린이들이 꼭 알아야 할 사실들을 중심으로 표제어를 잡고 그에 대해 어린이의 눈높이에 맞추어 쉽게 설명한 주제별 사전입니다. 1200여 장의 새롭고 정확하고 아름다운 사진과 그림 등의 시각자료들은 보는 것만으로도 과학적 흥미를 불러일으킵니다.

- **말 걸기 포인트:** 여행 가서 본 강의 모습을 떠올리면서 "그냥 멋지고 예쁜 줄만 알았는데, 강의 속모습이 이렇게 생겼구나", "강의 구역마다 이름이 있네", "자연현상은 참 대단해" 하며 아이의 흥미를 이끌어주세요.

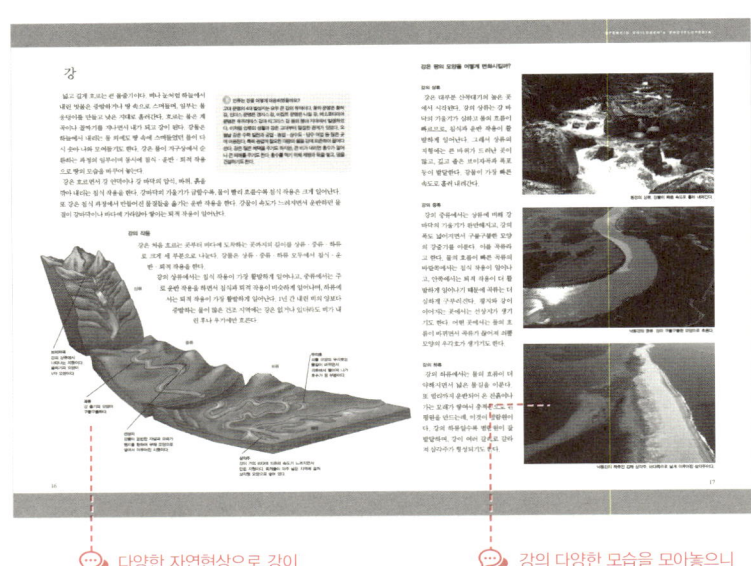

💬 다양한 자연현상으로 강이 생겨났음을 한눈에 볼 수 있어요.

💬 강의 다양한 모습을 모아놓으니 비교해볼 수 있어 좋아요.

자연사 (DK 대백과사전)

DK 자연사 제작위원회 지음, 김동희·이상준·장현주·황연아 옮김 / 사이언스북스 / 2012 / 69,000원
19개의 박물관과 갤러리, 국립 동물원을 소유한 전 세계 최대 규모의 연구기관인 스미스소니언협회와 DK가 만나 만든 지구상의 모든 생명과 그들의 역사를 한눈에 들여다볼 수 있는 자연사 대백과 사전 시리즈입니다. 생생한 사진들이 가득합니다.

한눈에 펼쳐 보는 자연사 박물관

크리스토퍼 로이드 지음, 앤디 포쇼 그림, 강형복 옮김 / 키즈엠 / 2015 / 18,000원
지구가 탄생한 때부터 현재까지 자연의 역사를 한눈에 볼 수 있는 아주 특별한 책입니다. 병풍처럼 펼쳐지는 특이한 구조여서 책처럼 넘겨가며 보고, 병풍처럼 길게 펼쳐서 보고, 벽에 붙여서 볼 수도 있습니다.

선생님들이 직접 만든 이야기 곤충 도감

김성수 외 지음 / 교학사 / 2013 / 50,000원
주변에서 만날 수 있는 650여 종의 곤충을 20개 분류군(목)으로 나누어 설명합니다. 생생한 사진과 함께 곤충의 특징, 생태, 분포, 출현기, 먹이 등에 대한 설명이 담겨 있습니다.

알고 보면 더 재미있는 곤충 이야기

김태우·함윤미 지음, 공혜진·고상미 그림 / 뜨인돌어린이 / 2011 / 11,000원
우리 곁에서 살아가는 곤충의 이야기를 담았습니다. 생태 지식뿐만 아니라 저자의 어린 시절 추억담과 산과 들을 뛰어다니며 겪은 재미있는 체험담이 친근하게 읽힙니다.

생명의 신비 : 지구에 살고 있는 희귀한 생물들

마서 홈즈·마이클 건튼 지음, 공민희 옮김 / 시그마북스 / 2011 / 45,000원
BBC의 걸작 다큐멘터리 〈라이프(Life)〉에 소개된 지구상에 번식하는 다양하고 영리한 생물들의 보고입니다. 한 번도 들어보지 못한 동물들의 습성을 매혹적인 이야기로 전해주며, TV 다큐멘터리에 최초로 소개된 사진들을 그대로 수록해 호기심을 한껏 자극합니다.

지구에서 가장 독한 동물들

니콜라 데이비스 지음, 닐 레이튼 그림, 노은정 옮김 / 비룡소 / 2006 / 9,000원
어떤 혹독한 상황에서도 꿋꿋이 살아가는 기네스북에나 나올 만한 독한 동물들을 만날 수 있습니다. 1년 반 동안 굶어도 사는 거미, 펄펄 끓는 화산 속에서 사는 박테리아, 2kg의 중

력 가속도를 견디는 방아벌레 등을 재미있는 일러스트로 구성했습니다.

기네스 세계기록 2017
기네스 세계기록 지음, 공민희 · 엄성수 옮김 / 이덴슬리벨 / 2016 / 38,000원
천문지리, 자연, 역사, 과학, 인문 등의 분야의 인증된 세계 최고 기록들을 기술한 책입니다.

살아 있는 공룡 대백과
더글라스 딕슨 지음, 임종덕 옮김, 네일 클락 감수 / 대교출판 / 2011 / 24,000원
팝업과 접지, 밀고 당기고 돌리는 다양한 조작 활동을 통해 인체, 우주, 고대 이집트, 공룡 등 과학의 비밀을 알아보는 과학 시리즈의 하나인 이 책은 미지의 영역 중에서 공룡의 세계에 대해 풍부하고 생생한 그림과 사진 자료로 보여줍니다.

동물 백과사전
조나단 엘픽 외 지음, 박시룡 옮김 / 비룡소 / 2003 / 40,000원
2천 종이 넘는 전 세계 동물들에 대한 안내서로서 흔히 볼 수 있는 동물뿐만 아니라 전 세계의 특이한 동물까지 소개하고 있습니다. 아이들의 호기심을 자극하며, 어른이 읽어도 손색이 없는 흥미진진함이 있습니다.

뼈로 푸는 과학 : 동물뼈
롭 콜슨 지음, 샌드라 도일 외 그림, 이정모 옮김 / 한울림어린이 / 2016 / 15,000원
다양한 동물들의 뼈대 표본과 보고서를 모은 스크랩북 형식의 책이에요. 다양한 동물들의 뼈대를 관찰하며 동물의 생태를 추적하고, 풍부한 자료와 희귀한 뼈 그림으로 동물들의 비밀을 만날 수 있어요. 살아 있는 듯 생생한 동물 사진과 뼈대 그림, 깊이 있는 지식이 함께하는 새로운 형식의 동물 지식책입니다.

개념 잡는 초등과학사전
김현빈 · 노기종 · 류성철 · 임혁 지음, 신명환 그림 / 주니어김영사 / 2008 / 17,000원
지구과학, 화학, 물리, 생물 분야를 망라한 과학 교과서에 나오는 용어 512개가 실려 있습니다. 자연과 물리 현상, 실험 과정을 생생한 사진으로 담아 이해를 돕습니다.

알기 쉬운 원소 도감
사마키 다케오 외 지음, 송지혜 옮김, 이미하 감수 / 과학동아북스 / 2013 / 20,000원

원소 하나하나마다 한 페이지를 가득 채운 커다란 사진을 보여주고 하단에는 원소가 주기율표의 어디에 위치하는지, 원소 이름이나 기호의 유래는 무엇인지, 기본적인 원소 성질(원자량, 녹는점, 끓는점)은 어떠한지를 친절하게 알려줍니다.

사이언스 빌리지
김병민 지음, 김지희 그림 / 동아시아 / 2016 / 22,000원

호기심이 많은 아이의 흥미로운 질문과 그에 답하는 과학자 아빠의 진솔한 대화로 이루어진 이 책은 정확하고 아기자기한 일러스트로 일상에서 작동하는 과학적 원리를 설명합니다. 정성스레 그린 주기율표는 뜯어서 책상 앞에 붙여놓고 자주 보며 활용할 수 있습니다.

내 몸속 DNA가 200억 킬로미터라고?
톰 잭슨 지음, 윤소영 옮김 / 웅진주니어 / 2014 / 11,000원

우리 몸에 숨어 있는 놀라운 비밀을 기발하고 재미나게 이야기해줍니다. 상상과 유머 감각이 넘치는 글을 통해 자유자재로 몸속을 상상하며 인체의 작동 원리를 익히고, 과학적 상상력을 키우게 됩니다. 또 인체 각 부분의 놀라운 기능과 재미있는 특징을 통해 우리 몸이 어떻게 조화롭게 작동하는지 자연스럽게 이해할 수 있습니다.

틈새과학 : 생활편
도쿄이과대학 지음, 김규한 옮김 / 즐거운텍스트 / 2007 / 7,900원

생활하면서 한 번쯤 궁금했을 내용들을 알기 쉽고 재미있게 설명합니다. 일상적인 주제를 담고 있어서 과학에 흥미를 가진 중고생 및 일반인들에게 신선한 과학의 재미를 느끼게 해줄 것입니다. 특히 '도라에몽에 나오는 도구를 실제로 만들 수 있을까?'는 아이들의 흥미를 자극합니다.

틈새과학 : 이론편
도쿄이과대학 지음, 김규한 옮김 / 즐거운텍스트 / 2007 / 7,900원

수학, 물리, 지구, 화학, 생물, 공학 분야로 나누어 과학에 대한 궁금증을 재미있는 질문들을 통해 알기 쉽고 재미있게 설명합니다. 《틈새과학 : 생활편》보다는 조금 높은 단계로, 대학 저학년 또는 과학영재 학생들이 읽으면 좋을 수준으로 구성되어 있습니다.

• COLUMN • 외출할 땐 휴대용 도감 활용하기

도감은 체험과의 연계가 중요합니다. 자연이나 동물원, 박물관을 보고 집에 돌아온 뒤에 아이와 함께 바로 도감을 펼쳐서 보세요. 바깥에서 보고 온 것들을 도감에서 찾아 "오늘 본 것 중에 이런 게 있었지?", "와, 이것 봐! 오늘 본 거랑 똑같네" 식으로 대화를 이어가면 아이의 머릿속에 해당 지식이 명확하게 새겨집니다. 그런데 이것보다 더 좋은 방법이 있습니다. 그건 바로 아이가 무엇인가를 궁금해하는 순간 현장에서 바로 도감을 펼쳐 확인하는 것입니다.

이쯤에서 "그 무거운 도감을 어떻게 일일이 들고 다녀요?"라는 항의가 들려오는 것 같네요. 맞습니다. 무거운 도감을 지참한 채 외출하는 건 현실적이지 않습니다. 저는 이 경우 휴대용 도감을 추천해 드립니다. 일반 책의 절반 크기로 주머니에 들어갈 만큼 작고 가볍지요.

예를 들어 《무슨 나무야?》는 아이와 함께 가벼운 등산을 나갈 때 지참하기 딱 좋습니다. 아이와 수족관에 자주 간다면 물고기와 관련된 책을, 동물원을 좋아한다면 동물 도감을, 밤하늘을 바라볼 기회가 많다면 별과 별자리에 관한 책을 지참하면 되겠지요? 이와 같이 아이의 생활패턴에 맞춰 휴대용 도감을 구비해놓으면 외출할 때 아주 유용하게 쓸 수 있습니다.

크기가 작기 때문에 아무래도 일반 도감보다 정보량은 적지만 휴대가 목적이니 충분히 제 역할을 할 것입니다.

무슨 나무야?
도토리 기획, 전의식 감수 / 보리 / 2002 / 30,000원

531종의 우리 나무를 세밀화로 그려놓은 나무 도감입니다. 주머니에 넣고 다니며 나무의 이름과 특성에 대해 알아볼 수 있도록 작은 크기로 펴냈습니다. '무슨 꽃이야?', '무슨 풀이야?' 코너도 있어서 아이들과 야외 나들이에 가지고 가서 직접 찾아서 비교해보는 재미가 있습니다.

어린이 과학동아 생생 쏙 도감: 별자리
임숙영 외 지음, 박승철 사진, 김이랑 그림 / 동아사이언스(과학동아북스) / 2007 / 12,000원

별자리를 주제로 재미있게 해볼 수 있는 여러 가지 활동을 수록한 워크북이 함께 있어 아이들과 활용하기에 더욱 좋습니다. 다른 시리즈로는 《나뭇잎》,《씨앗》이 있습니다.

주머니 속 곤충 도감
손상봉 글·사진 / 황소걸음 / 2013 / 20,000원

책이 작아 언제든지 들고 다니며 눈앞에 있는 곤충의 이름이 무엇인지, 특징이 무엇인지 바로 그 자리에서 확인할 수 있는 이 책은 우리 주변에서 쉽게 찾아볼 수 있는 곤충 453종을 싣고 있습니다. 곤충의 특징과 생태가 담긴 사진과 설명, 곤충 채집할 때 필요한 준비물, 방법, 그리고 표본을 만들어 보관하는 방법까지 곤충 채집과 관찰에 필요한 모든 것이 담겨 있습니다.

4장

지도로 아이의 세계가 몰라보게 넓어진다

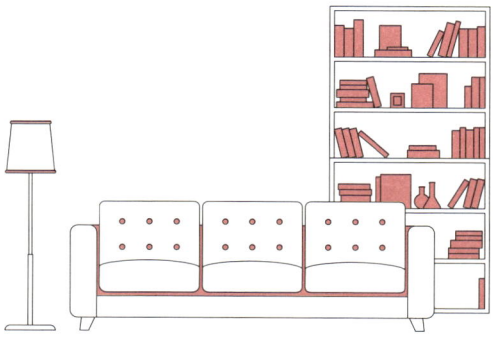

지도를 무조건
거실에 붙여야
하는 이유

스쳐 지나듯 보는 사이에 전국 시도가 머릿속에 새겨진다

이 책에서 말씀드리는 지도는 벽에 붙일 수 있는 평면 형태의 '전국 지도'와 입체형이자 세계 지도인 '지구본'입니다.

우선 전국 지도는 사회 공부의 기본입니다. 자신이 살고 있는 나라의 형태, 행정구역의 위치가 머릿속에 명확히 들어 있어야 아이가 지리 과목을 접했을 때 애를 먹지 않습니다. 또 지리 과목은 역사 과목과도 연계되어 있어 지리를 잘하면 역사 공부도 잘할 수밖에 없습니다. 사회 과목에서 부진한 아이들은 지리에 대한 이해도가 낮은 경우가 많습니다.

전국 지도를 붙이는 장소는 물론 거실입니다. 거실에 지도가 붙어 있으면 아이는 하루에도 몇 번씩 지도를 보게 됩니다. 그러다 보면 자연스레 전국 시도의 위치를 기억하게 되지요. 아이가 지도에 익숙해지면 TV에서 나오는 정보를 소재 삼아 대화를 나누기도 쉬워집니다. 의문이 생기면 무의식적으로 지도를 쳐다보게 되고, 멍하니 있는 것처럼 보여도 모르는 사이에 지식이 머릿속에 입력됩니다.

지도를 접하는 시기는 아이가 몇 살이든 상관없습니다. 신생아라 해도 빠른 게 아닙니다. 단, 아이에게 지도를 익히게 해야 한다는 부담감을 가질 필요는 없습니다. 그냥 붙여만 놓으세요. 아이가 지도를 굳이 외울 필요도, 지도를 보며 그 안의 것들을 익힐 필요도 없습니다. 지도를 붙여놓는 이유의 핵심은 아이가 지도를 '여러 번 보는 것', '눈에 익히는 것'입니다. 그러다 보면 지도의 형태가 아이의 머릿속에 어렴풋이나마 남게 됩니다.

아이가 학교에 들어가 지리 수업을 듣게 되었을 때 전국 시도의 명칭과 위치를 수업에서 처음 접하고 익히려 든다면 대번에 외우기는 분명 어려울 것입니다. 하지만 집에서 지도를 자주 봐왔다면, 그래서 지도 내용의 3분의 1 정도라도 머릿속에 들어 있다면 아이는 지도를 외우는 것에 대한 부담이 훨씬 덜할 것입니다.

아이가 지도를 접하는 시기가 빠르면 빠를수록 거부감이나 선입관 없이 지도를 받아들입니다. 그리고 스펀지가 물을 흡수하듯 지도를 머릿속에 새기게 됩니다.

지도를 붙이는 가장 좋은 위치는 아이의 눈높이

거실 소파에 앉았을 때 마주 보게 되는 벽이나, TV가 있는 벽처럼 아이의 시선이 자주 가는 곳이 지도를 붙이기 적합한 장소입니다. 이때 주의할 점이 있는데요. 지도를 거실에 붙이는 이유는 인테리어 목적이 아니라 아이의 학습 능력을 키워주는 데 있다는 사실입니다. 따라서 붙여서 멋있는 위치가 아니라, 아이가 자연스레 시선을 맞출 수 있는 높이에 지도를 붙여야 합니다.

저는 아이가 자주 앉는 곳에 앉아본 뒤에 적정 위치를 가늠해

지도를 붙였습니다. 그리고 아이의 성장에 맞춰 센티미터 단위로 붙이는 위치를 점차 바꾸었습니다.

그리고 아이만 일방적으로 지도를 보는 곳이 아니라 부모가 같이 보고 대화를 할 수 있는 곳에 붙이는 게 중요합니다. 예를 들어 식탁 가까이에 지도를 붙인다고 가정해볼까요? 이 경우에 아이와 식탁에 나란히 앉는다면 정면 벽에, 마주 보고 앉는다면 좌우 벽 중의 한 곳에 지도를 붙여야 합니다.

정기적으로 지도를 붙이는 위치나 내용을 바꾸거나 일부러 떼었다가 며칠 뒤에 다시 붙이는 방법도 권해드립니다. 거실의 풍경이 달라지면 아이는 신선함을 느끼게 되고, 자연히 벽에 붙어 있는 지도로 다시 눈길을 주게 될 것이기 때문입니다.

시작은
간단한 지도부터

-
-
-

행정구역만 나와 있는 기본 지도로 시작하자

<u>벽에 붙이는 지도는 학습용 지도를 추천합니다.</u> 코팅과 같이 화학적 가공 처리를 해 오염 제거가 쉽고 관리가 편하기 때문입니다. 그리고 처음 붙이는 지도는 최대한 간단한 것을 골라야 합니다. 전국 행정구역이 어떻게 분류되어 있는지, 어디에 무엇이 위치해 있는지 익히는 것이 목적이므로 행정구역의 이름과 도청 소재지

가 적혀 있는 지도면 충분합니다. 이때 행정구역을 색깔별로 나누어놓은 것이라면 더욱 좋습니다.

어느 정도 시간이 흘러 아이가 행정구역의 위치를 대략이나마 파악했다면 지도의 수준을 높이세요. 초등학교와 중학교용 지도는 산맥과 평야 등의 지형을 실감나게 그려놓아 지명을 확인하기 쉽습니다. 어떤 지도에는 해당 지역의 특산품이나 전통 공예품도 같이 표기되어 있어 아이가 취할 수 있는 정보가 더 다채롭고 풍요로워지지요.

이 지도까지 친숙해졌다면 이제 산맥과 평야 등의 지형을 만져서 확인할 수 있는 입체형 지도를 아이에게 보여주세요. 아이가 지형의 기복을 이해하면 '이 산을 넘어오면 바람이 강풍이 된다'와 같은 기상현상과 각 지역의 풍토에 대해서도 빨리 습득하게 됩니다.

욕실에 지도를 붙여놓으면 목욕 시간도 유용한 기회가 된다

학습용 지도는 습기에 손상되지 않도록 가공 처리된 제품이 많습니다. 거실이 물론 주된 장소이지만, 욕실도 아주 좋은 학습 공간이 될 수 있습니다. 공간이 좁아 아이의 시선이 지도로 향하기 쉬운 점도 욕실이 가진 장점입니다.

아이의 동작을 관찰하면서 앉아서 몸을 씻을 때 시선이 닿는 위치가 어디인지, 서서 몸을 씻을 때는 시선이 어디를 향하는지를 확인해 욕실 벽에 붙일 지도의 위치를 적절히 조절하세요. 욕실 벽에 붙어 있는 지도는 아이의 즐거운 놀잇감일 뿐만 아니라 아이의

지적 호기심을 자극하는 좋은 계기가 됩니다.

예를 들어 지도를 매개로 다음과 같이 아이와 놀아보세요.

"아빠 내일 ○○로 출장 간다."
"○○가 어디야?"
"여기지!"

이때 대답만 하는 게 아니라 지도를 과녁 삼아 물총으로 쏘아 맞춥니다. 아빠가 그런 행동을 하면 아이는 분명 아빠를 흉내 내려고 할 것입니다.

이처럼 부담 없는 놀이를 통해 지도를 친숙하게 느끼도록 만들어가세요. 아이는 소소한 경험을 통해 아빠가 출장 갈 곳의 지명과 위치를 머릿속에 입력시킬 것입니다. 힘들게 공부해서 익힌다는 부담감 하나 없이 말입니다.

훗날 우연히 뉴스에서 해당 지역이 나오면 욕실에서 봤던 지도를 떠올리게 될지도 모릅니다. 더 나아가 해당 지역의 위치와 자신이 사는 곳의 위치 관계를 기억하는 계기도 될 수 있습니다.

샤워기와 변기만 달랑 있는 좁은 욕실이라도 상관없습니다. 변기에 앉으면 바로 시선이 닿는 위치에 지도를 붙여도 긍정적인 효과를 거둘 수 있습니다. 볼일 보면서 멍하니 시간을 보낼 바에야 그 시간을 배움의 시간으로 바꾸어주는 것도 괜찮지 않을까요?

지도를 볼 수밖에 없는
분위기를 만들자

지도를 활용할 수 있는 무적의 대화법

'거실에 지도를 붙여두었으니 이제 됐어' 하고 안심하고 있다가는 애써 붙인 지도가 단순한 인테리어 소품으로 전락하고 맙니다. 따라서 어떻게 지도를 붙이면 아이가 한 번이라도 더 주목할지에 대해 끊임없이 연구하고, 지도를 볼 수 있게끔 대화를 꾸준히 시도해야 합니다.

지도가 인테리어 소품으로 전락하지 않도록 하는 적절한 말 건네기 방법은 다음과 같습니다.

우선, 아이에게 친숙한 지역에 대해 이야기를 꺼낸 뒤 아이가 그것에 흥미를 느끼면 그 지역의 위치를 지도로 알려주는 것부터 시작하세요. 예를 들어 아이가 방학 때 친척 집에 놀러 가고 싶어 한다면 "여름방학 때 사촌이 사는 김해로 가자. 그런데 거기가 어딘지 지도로 찾아볼까?"라고 말하며 지도 쪽으로 이끕니다.

식재료의 산지는 지도와 관련시키기 좋은 소재입니다. "오늘 먹은 생선은 어느 바다에서 잡힌 걸까?"라고 말을 건넵니다. 물론 바로 지도 쪽으로 아이를 데려가지 말고 우선 생선의 포장 팩에 붙어 있는 원산지 표시 라벨을 아이와 함께 확인해보세요. 그런 다음 "아, 이 생선을 잡은 곳은 러시아라네. 무척 먼 바다에서 헤엄치고 있었겠다"라고 말하면 아이는 "거기가 어디야?"라고 물을 거예요. 그때 아이를 지도 쪽으로 데리고 가서 해당 위치를 지도에서 함께 찾아보세요.

지도에 표시를 해두는 방법도 추천합니다. TV를 보다가 "부산에는 해파리 수족관이 있대!"라고 말했을 때 아이가 관심을 보이면 "지도에서 부산을 찾아서 거기에 '해파리'라고 써보자"라고 해보세요. 그런 식으로 지도 위에 아이와 함께 적은 메모를 잔뜩 늘려가는 겁니다. 아이가 아직 글자를 모른다면 스티커를 붙이거나 대신 써주세요. 지도 위에 낙서하듯 자유롭게 메모를 붙이고 쓰다 보면 아이의 마음속에 '더 찾아볼까?' 하는 흥미가 자연스레 생깁니다. 더 나아가 지도책과 지도를 함께 활용하는 모습을 보일 수도 있습니다.

이 외에도 일상에서 지도와 연관 지을 수 있는 소재는 무척 많습니다. 가족과 담소하면서, 혹은 TV를 보면서 대화 소재를 계속 발굴해보세요. 특히 뉴스나 정보 전달 프로그램을 항상 주시하세요. 아이와 대화를 나눌 수 있는 계기를 끊임없이 재공해줍니다.

아이의 관심이 어디로 향할지는 그 누구도 정확히 예측할 수 없습니다. 그래서 부모의 역할이 중요합니다. 부모가 아이와 대화를 나눌 소재를 부지런히 찾아내 지도와 친해질 수 있는 계기를 끊임없이 만들어준다면 지도에 대한 아이의 관심도는 그만큼 높아질 수밖에 없습니다.

어린이 신문도 좋은 교재다

초등학교에 들어갈 나이가 되면 사회라는 개념을 어렴풋이 인식하면서 흥미를 갖습니다. 따라서 아이가 해당 연령이라면 어린이 프로그램만 틀어주며 방치하지 말고, 아이와 함께 꼭 뉴스를 보세요. 뉴스 말미에 나오는 일기예보의 지도도 아이들에게는 대단히 유익합니다.

신문 역시 좋은 교재입니다. 숫자를 좋아하는 우리 아이는 신문의 주가나 환율 섹션을 보며 "어제보다 환률이 더 올랐어!"라고 말하며 기뻐하곤 합니다. 요즘은 어린이 신문도 꽤 내용이 충실하게 발간되니 그걸 활용하는 것도 좋겠네요. 신문은 아이들에게 시사 상식과 지리 지식을 정착시키는 데 큰 도움이 됩니다.

어른용 신문과는 달리 다채로운 컬러 사진이 많고, 아이들이 좋아하는 내용도 많이 실리기 때문에 신문에 거부감을 보이는 아이들도 부담 없이 즐길 수 있습니다.

어린이 신문을 아이와 함께 읽으며 "이건 뭘까?", "재밌다, 그치?" 하며 대화를 나눠보세요. 그러다가 아이가 궁금해하거나 낯익어하는 지명이 나오면 "지도에서 찾아보자" 하며 대화를 이어간다면 더할 나위 없습니다.

놀다 보면 지도와 사랑에 빠지는 시크릿 아이템

-
-
-

즐겁게 놀다 보면 어느새 지도의 매력에 풍덩!

이번에는 아이가 지도와 사랑에 빠질 수 있게 만들어주는 근사한 아이템들을 소개해드리고자 합니다.

<u>가장 먼저, 지도 퍼즐을 추천합니다.</u> 지리적 지식을 쌓는 동시에 퍼즐 자체도 즐길 수 있습니다. 이렇게 노는 사이 아이의 머릿속에 전국 지도가 자연스레 입력됩니다.

지도를 가지고 놀 때는 펼쳐놓고 찾을 수 있는 '지도책' 또한 꼭 곁에 두어야 합니다. 지도책 안에는 지도에는 적혀 있지 않은 지명, 산 이름, 지형 등이 자세히 실려 있기 때문입니다. 더불어 지도를 읽는 법까지 나와 있습니다.

요즘은 인터넷이 워낙 발달되어 있어 검색 한 번이면 모든 게 해결됩니다. 차마다 내비게이션이 달려 있어 국내는 물론 해외에서도 '길을 헤매면 어쩌나?' 하는 걱정을 할 필요가 없어졌습니다. 그런 이유로 요즘은 지도책을 곁에 두는 경우가 거의 없습니다. '지도책이 필요한가?'라는 생각이 드는 요즘이기에 더더욱 지도책을 읽을 수 있는 능력이 있는지 없는지가 큰 차이를 만들어냅니다.

미로나 주사위 놀이도 훌륭한 지도이다

본래 지도는 어딘가로 이동할 목적이 있을 때 이용하는 도구입니다. 그러니 아이가 지도와 친해지려면 지도가 전국의 지형, 지명을 익히는 용도뿐만 아니라 '생활에 반드시 필요한 도구'라는 인식이 생겨야 합니다.

지도와 친해지기 위해 이용 가능한 의외의 아이템으로는 미로와 주사위가 있습니다. 지능 개발용 도구로 알려진 '미로'는 지도로 들어가는 입구입니다. 그림책을 손가락으로 훑거나 보는 사이에 공간 인식 능력이 높아지고 지도를 보는 이해력의 기반이 다져집니다. 주사위를 쓰는 보드게임은 숫자와 공간 인식 능력을 길러줍니다.

지도의 친척, 안내도와 가이드북

마트나 백화점 입구에 있는 안내도와 층별 안내서도 지도의 친척입니다. "지금 우린 이 문 근처네. 과자 매장으로는 어떻게 갈까?"라고 아이와 대화를 할 수 있어 일상에서 아이의 지리적 감각을 키우는 기회가 됩니다.

지역의 백지도(각종 정보를 기입하기 위한 작업용 기본도. 지도의 윤곽, 경계, 하천, 도시, 철길 따위는 표시하나 글자는 쓰여 있지 않다)를 준비해서 마음에 드는 공원, 가게, 친구의 집을 표시하거나 보육원이나 역까지의 길, 지나간 적 있는 길을 마커로 칠해 자신만의 지도를 만드는 것도 지도와 친해지는 한 방법입니다. 백지도는 도서관에서 복사할 수 있습니다.

여행을 떠날 때 들고 가는 가이드북 역시 훌륭한 지도입니다. 평면 지도와 병행해서 쓰면 여행지에 대한 관심이 높아져 아이의 지리 지식이 늘어나는 계기가 될 수 있습니다.

● 책쟁이엄마의 추천도서 ●

지도로 만나는 우리 땅 친구들

전국지리교사모임 지음 / 뜨인돌어린이 / 2005 / 12,000원

우리나라는 중부, 남부, 북부로 나누어 지도와 특성을 한눈에 알아볼 수 있도록 정리했습니다. 재미있는 그림 지도를 통해 각 도시의 유적지, 대표적인 건축물, 특산물 등을 구체적으로 소개합니다. 만화로도 설명하고 있어서 글밥에 익숙하지 않는 아이들도 흥미를 가지고 읽어나갈 수 있습니다. 책의 뒤편에는 '한눈에 보는 우리나라의 음식 문화', '한눈에 보는 우리나라의 축제 문화'가 있어 가족여행을 갈 때 참고도서로도 활용할 수 있습니다.

 지역 특산물, 유적, 관광지까지~
강원도 여행 갈 때 꼭 가져가야겠다!

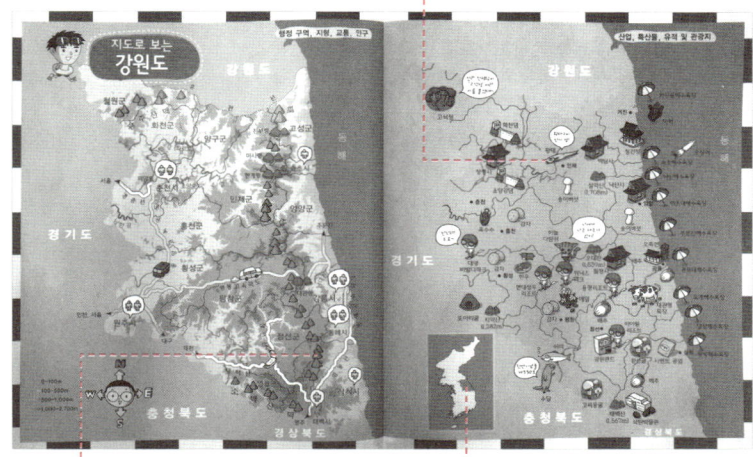

나무 그림으로 산맥을 한눈에 볼 수 있고, 지형과 교통, 인구까지~

우리나라에서 어디쯤에 위치하는지를 알 수 있어요.

- **흥미 포인트:** 각 시나 도의 자연 환경과 지역 특색을 보여줍니다.
- **말 걸기 포인트:** "어? 여긴 지난 여름방학 때 갔던 곳이네", "외할머니 댁이 있는 곳이 여기야"처럼 이미 다녀온 곳이 있다면 지도에서 찾아보며 그때의 일을 이야기 나눠요.

지도를 따라가요
조지욱 지음, 서영아 그림 / 웅진주니어 / 2010 / 10,000원
원주에 살고 있는 아이가 가족과 함께 기차와 전철을 타고 서울 어린이대공원을 찾아가는 과정을 따라가다 보면 세계 지도, 우리나라 지도, 서울 관광지도, 지하철 노선도, 공원 안내도 등 다양한 지도를 접할 수 있습니다. 실생활과 밀접한 이야기를 통해 자연스럽게 지도의 개념, 방위, 기호를 익힐 수 있습니다.

나의 아틀라스 : 지도 들고 우리나라 한바퀴
이임숙 지음, 신동근 그림 / 마루벌 / 2014 / 13,000원
행정자치구역으로 나눈 전국 지도, 지역별로 나눈 지도가 있어요. 전국 지도를 보면 우리나라의 모양과 구역 이름을 알 수 있고, 자세하게 지역을 나눈 지도를 보면 그곳을 이루는 지역을 볼 수 있어요. 각 지역마다 컬러 지도가 있어서 지역 특산품이나 산, 고궁 등도 볼 수 있어요. 아이들의 읽기 능력에 맞춰 짧고 재미있게 설명하고, 다양한 그림으로 이해도를 높였습니다.

한눈에 펼쳐 보는 우리나라 지도 그림책
민병준 지음, 최선웅 지도, 구연산 그림 / 진선아이 / 2009 / 12,000원
우리나라 여러 지방의 특징을 자세한 지도와 재미있는 그림으로 만나봅니다. 핵심을 간결하고 정확하게 전하는 글, 지리를 가깝게 느낄 수 있도록 배려한 만화풍의 그림, 흥미를 자아내는 부록 등 이해를 돕는 자료가 풍성합니다.

우리 땅 기차 여행
조지욱 지음, 한태희 그림, 김성은 기획 / 책읽는곰 / 2013 / 18,000원
우리나라 각 지역의 특징과 지리적 특색, 우리 땅의 아름다움을 느낄 수 있는 지도책입니다. 하늘에서 내려다보는 시점으로 전개되는 생생한 우리 땅의 모습도 정겹지만 기차 안의 풍경까지 친숙하게 묘사하고 있어 한껏 부푼 기차 여행의 맛을 느끼기에 충분합니다.

질문을 꿀꺽 삼킨 사회 교과서 : 한국지리 편
박정애 지음, 지영이 그림 / 주니어중앙 / 2010 / 11,000원
우리나라의 지도, 기후, 지형, 산업, 인구, 도시, 촌락을 주제로 장을 나누고 각 장마다 가상의 질문을 제시해 명쾌하게 답해줍니다. 도입부의 만화, 묻고 답하기 형식, 핵심 키워드 등의 입체적인 구성이 흥미롭습니다. 세계지리 편도 있습니다.

지구본만큼 아이를
똑똑하게 만들어주는
도구는 없다

-
-
-

지구본은 '입체적'으로 세계의 모습을 알려준다

전국 지도와 마찬가지로 제가 부모님들에게 반드시 구입하기를 권하는 것이 바로 지구본입니다. 지구본의 장점은 뭐니 뭐니 해도 세계 속 우리나라의 위치, 각 대륙의 위치, 태평양이나 대서양 같은 바다의 크기를 한눈에 파악할 수 있다는 데 있습니다.

지도는 평면이기 때문에 아메리카 대륙의 끝과 유럽의 끝이 잘려 있습니다. 그런 이유로 초등학교 저학년 아이들은 그 상태가 '세계의 모습'이라 인식하는 경우가 많습니다. 하지만 지구본으로 세계의 모습을 살펴보면 미국과 유럽이 바다를 하나 끼고 있을 뿐 꽤 거리가 가깝다는 걸 바로 알 수 있습니다. 영국의 청교도들이 왜 아시아나 아프리카 대륙이 아닌 아메리카 대륙으로 이주했는지를 아이에게 설명해줄 때 지도와 지구본 중에서 어떤 게 더 유리할지는 굳이 말씀드리지 않아도 아실 것이라 생각됩니다.

글로벌한 인재상을 추구하는 현대사회의 트렌드에 발맞춰 요즘은 초등학교에서도 영어 학습을 필수로 하고 있습니다. 따라서 아이가 어렸을 때부터 세계를 가깝게 느끼고 즐기면서 지식을 획득하는 경험을 자주 하다 보면 초등학교 고학년부터 시작되는 세계 지리와 역사와 관련된 사회 수업을 따라가기가 쉬워집니다.

제가 아는 어떤 엄마는 아이가 태어나자마자 바로 지구본을 샀다고 합니다. 아이의 아빠는 우주 관련 일을 하고 있어 미국 출장을 빈번히 다녔고, 아이는 어릴 적부터 "○○이는 여기(자기가 현재 사는 곳), 아빠는 내일 여기(미국)" 하고 지구본을 돌리며 가리켰다더군요.

그 아이는 네 살 때 우리나라 정치인의 이름보다 미국 오바마 대통령의 이름을 먼저 기억했다고 합니다. 아빠가 자주 가는 나라이고, 그 위치를 수시로 지구본에서 보았으니 미국에 대한 이미지가 머릿속에 선명히 남았고, 뉴스에서 '미국', '오바마' 등의 단어가 들릴 때마다 해당 정보가 아이의 머릿속에 입력된 까닭이지요.

평면으로 된 세계 지도는 '지구본의 보조 도구'로 생각하세요. 지구본에는 적혀 있지 않은 도시의 이름이나 지형 등을 찾아볼 때를 위해 벽에 붙여두는 것이에요. 국기도 기재돼 있으면 동시에 확인이 가능해서 아이의 지식이 더욱 늘어납니다.

아이 혼자서도 들고 다닐 수 있는 지구본을 고르자

지구본은 지도와 달리 아이의 손에 입체적으로 잡히기 때문에 아이와의 잦은 스킨십을 유도할 수 있습니다. 빙글빙글 돌아가는 모양새가 장난감을 가지고 노는 것 같기 때문에 대부분의 아이들은 지구본을 좋아합니다.

아이가 어리면 지구본을 빙글빙글 함께 돌리며 놀아주기만 하세요. 그것만 해도 충분합니다. 그러는 사이에 아이는 세계 속에 자신이 살고 있는 나라의 위치를 익히게 되고, 자연히 세계 지도를 머릿속에 심어놓게 됩니다.

지구본을 고를 때는 다음의 세 가지를 고려하세요.

우선, 지구본이니 빙글빙글 돌아가는 것은 기본이고요. 아이가 갖고 놀다가 망가지더라도 아깝지 않을 가격대의 제품으로 선택하는 게 좋습니다. 비싼 것을 무리해서 구입해 "망가뜨리면 안 돼" 하며 귀하게 모셔두는 건 어이없는 짓입니다. 아이가 마음껏 빙글빙글 돌릴 수 있는 부담 없는 가격대의 제품으로 마련해서 아이가 실컷 가지고 놀게 두세요.

마지막으로, 아이 혼자서도 거뜬히 들고 옮길 수 있는 크기로 고르세요. 지구본이 너무 크면 아이가 혼자 들지 못해

엄마에게 꺼내달라고 요청하는 사이에 '당장 알고 싶어 하던' 아이의 기분이 식고 맙니다. 지름이 25~30cm 정도 되는 지구본이 어린아이부터 어른까지 두루 쓰기에 적당하지 않을까 합니다.

최근에는 개성적인 지구본들도 발매되고 있는데, 참고용으로 소개해두겠습니다.

- **국기 일러스트가 딸린 지구본:** 컬러풀한 국기를 표식 삼아 전 세계에 있는 나라들의 위치를 찾아 확인할 수 있습니다.
- **말하는 국기가 딸린 지구본:** 전용 터치펜으로 나라나 국기를 건드리면 음성으로 나라와 수도의 이름, 인구 등의 정보를 알려줍니다.
- **위성 화상 지구본:** NASA가 촬영한 위성 화상으로 제작한 지구본으로 지구를 생생하게 체감할 수 있습니다.
- **라이트가 딸린 지구본:** 지구, 별자리, 달에 대한 학습을 모두 할 수 있는 지구본입니다.

지구본이
있어야 할 자리는
TV 옆이다

언제 어디서나 바로 볼 수 있는 자리가 좋다

그럼 지구본은 거실 어디쯤에 두는 게 가장 좋을까요? 그건 바로 TV 옆입니다. TV는 가족의 시선이 모이는 장소입니다. 그곳에 두면 뉴스와 교양 프로그램에서 나온 지명을 아이와 바로 확인해볼 수 있습니다. 그렇게 자주 지구본을 들여다보면 아이의 지적 시야의 폭은 엄청나게 넓어집니다.

거추장스럽거나 거실 경관을 해친다는 이유로 지구본을 높은 선반 위에 올려놓거나 책장 안에 수납해버리면 절대로 안 됩니다. 결국 지구본을 산 사실조차 잊어버리게 되고, 한참 뒤에 지구본이 먼지를 잔뜩 쓰고 있는 허탈한 모습만 목격하게 될 것입니다. 지구본을 가족 모두가 일상적으로 사용하는 도구로 자리매김하려면 반드시 TV 옆을 지구본 지정석으로 정해두세요.

제 경험을 말씀드리자면, 예전에 가족끼리 TV를 보다가 세계에서 가장 더운 나라라며 지부티가 소개되었습니다. 최고 기온이 70도 이상이었던 적도 있으며 여름엔 50도를 넘는 게 보통으로, 에어컨이 없는 집이 많아 다들 밖에 나와 잠을 잔다는 내용이 나오고 있었습니다. 그런데 그 사실이 아이에게 강렬한 인상을 준 것 같았습니다. 그래서 아이에게 당장 지부티라는 나라가 어디에 있는지 찾아보자며 함께 지구본을 돌렸습니다. 그리고 아이와 함께 "흐음, 아프리카에 있는 나라구나", "이렇게 조그만 나라인 줄 몰랐네", "어떻게 적도와 더 가까운 케냐보다 더운 걸까?"라는 대화를 한참 동안 이어갔습니다.

여기서 더 나아가면 "우리나라 근처에서 지부티와 같은 높이(위도)인 나라는 어디지?", "여기서 지부티로 간다면 오른쪽과 왼쪽, 어느 쪽이 더 가까울까?", "아프리카와 남아프리카 중 어디가 더 우리나라랑 멀지?"와 같은 깊이 있는 대화를 나눌 수도 있습니다.

이것은 지구본이 있기에 가능한 대화입니다.

지구본으로 할 수 있는 놀이

지구본으로 아이와 즐겁게 놀이를 할 수도 있습니다. <u>우선, 지구본을 빙그르르 돌리세요. 팽팽 돌아가는 지구본에 손가락을 대서 딱 멈춘 부분의 나라 이름을 아이와 함께 맞힙니다.</u> 아직 아이가 어려서 나라 이름을 잘 모른다면 미국, 중국, 러시아, 오스트레일리아처럼 면적이 크고 많이 알려진 나라들부터 문제를 내세요. 문제가 거듭될수록 아이는 점차 지구본에 익숙해집니다.

부모만 일방적으로 문제를 내지 말고, 아이가 부모에게 문제를 낼 수 있게도 해주세요. 경쟁하듯 게임을 하다 보면 아이는 지구본 놀이에 더 열광하게 될 겁니다. 물론 지도나 지도책으로도 같은 놀이가 가능합니다.

아이가 지구본 위에 적힌 나라 이름을 기억하기 시작했다면 다른 아이템들을 더해 놀이를 발전시킬 수도 있습니다. 예를 들어 도감에서 '태즈메이니아 데블(유대목 주머니고양이과의 포유류. 오스트레일리아 유대류이다)'을 봤을 때 이렇게 대화의 물꼬를 트시는 겁니다.

"데빌은 악마란 뜻이거든. 그러니까 태즈메이니아 데블은 태즈메이니아에 사는 악마란 뜻이겠지? 그런데 왜 이렇게 귀여운 동물을 태즈메이니아의 악마라고 부를까? 엄마도 그게 너무 궁금하네. 우리 태즈메이니아가 어디에 있는지, 왜 이 귀여운 동물에게 그런 이름을 붙였는지 한번 찾아볼까?"

그렇게 아이와 지구본을 돌리며 태즈메이니아의 위치를 찾다 보면 자연히 태즈메이니아를 둘러싼 바다 이름도 자연스레 눈에 익히게 됩니다. 또 "어머, 이런 데 섬이 있었네?"라며 화제를 계속 발전시킬 수도 있지요.

지구본은 이과 과목을 거부감 없이 받아들이게 한다

지구본은 지구를 간략화한 물건입니다. 아시다시피 지구본은 모두 구체가 기울어져 있는데, 이것은 실제 지구가 지축(북극과 남극을 잇는 축)이 황도면과 약 23.3도 정도 기울어져 있기 때문입니다.

지구는 지축을 중심으로 하루에 한 바퀴씩 회전하기 때문에 낮과 밤이 생겨납니다. 이 현상을 자전이라고 하지요. 지구본을 빙글빙글 돌리면서 "지구는 아마 이쪽으로 돌고 싶을 거야" 하고 아이에게 지구가 왼쪽에서 오른쪽으로 자전한다는 사실을 가르쳐주면 좋겠지요?

또 지축이 기울어져 있어 사계절이 생깁니다. 우리나라에는 하

지와 동지가 있고, 북반구에는 하루 종일 태양이 지지 않는 백야 현상이 있습니다. 북반구와 남반구의 기후는 서로 반대이기 때문에 오스트레일리아는 크리스마스에도 여름 날씨라는 것, 적도 부근은 기온이 높은 지역이 많다는 것 등을 지구본을 통해 설명해줄 수 있어 아이는 지구본을 가지고 놀면서 이과 및 지리 지식을 풍부하게 쌓게 됩니다.

또 이런 놀이도 가능합니다. 아이를 태양, 부모를 지구라고 가정한 뒤에 부모가 지구본을 들고 아이의 주변을 도는 겁니다. 그러면서 아이에게 이렇게 물어보세요.

"지금, 일본은 여름일까, 겨울일까?"
"달은 어디에 있을 거 같아?"
"밤이 되면 별이 나오는 건 왜라고 생각해?"

이런 놀이는 아이의 지식이 천문학 쪽으로 뻗어나가는 초석이 될 수 있습니다.

지도책으로 상상력과
글로벌한 흥미를
자극하자

세계 속의 나를 파악할 수 있다

지도는 아이들로 하여금 '다른 장소에서는 어떨까?' 하는 상상의 나래를 펼치게 만들어줍니다. 뉴스에서 알려주는 정보 외에도 아이의 호기심을 자극할 수 있는 소재가 가까이 있다면 지도를 통해 아이의 눈을 세계로 향하게 할 수 있습니다.

지도 아이템 중에는 '이게 지도야?'라는 생각이 드는 것도 포함

돼 있을 겁니다. 그 책들은 지도책이나 사회 교과서에 적혀 있는 내용을 그림과 사진, 그리고 아이들도 이해할 수 있는 쉬운 문장으로 짧게 정리해줍니다.

세계 속에서 내 위치를 파악하는 감각을 키우거나 세계에 관한 정보를 아이에게 알려주려면 반드시 지도나 지도책을 활용해야 한다는 극단적인 생각은 하지 마세요. 그림책이나 사진부터 시작해도 되고 사람, 문화, 스포츠, 생물, 기후를 통해 지도로 입문해도 상관없습니다.

 ● 책쟁이엄마의 추천도서 ●

북극에서 남극까지 역사 문화 자연이 한눈에 쏙 들어오는
아주아주 놀라운 세계그림지도

젠 그린 지음, 크리스티안 엥겔 그림, 김현희 옮김, 김원수 감수 / 샤파리 / 2015 / 19,800원

3학년부터 6학년까지 초등학교 사회 과목을 한눈에 파악할 수 있는 세계그림지도책입니다. 어린이들이 그림지도를 통해 전 세계의 지리, 역사, 문화, 경제, 사회, 자연을 통합적으로 배울 수 있도록 엮었습니다. 단순한 지리 공부에서 끝나는 것이 아니라 인문과 자연과학 지식 등을 지도 위에서 살펴볼 수 있도록 구성했습니다. 세상에 대한 호기심과 사회 현상을 바라보는 넓은 시각을 가질 수 있도록 도와줄 것입니다.

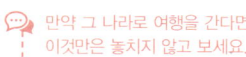

- **흥미 포인트:** 선명한 지도, 지도에 표시된 자연환경, 특징별로 구분 지어놓은 편집이 아이가 지루해하지 않고 책에 집중할 수 있게 해줍니다. 아이가 내용을 재미있게 익혔다면 서로 퀴즈를 내며 즐거운 시간을 보내세요.

- **말 걸기 포인트:** "너는 어느 나라를 가보고 싶어?", "엄마는 이 나라를 가고 싶네" 하며 여행을 매개로 나라에 대한 관심을 이끌어주세요.

MAPS
알렉산드라 미지엘린스키 · 다니엘 미지엘린스키 지음, 이지원 옮김 / 그린북 / 2017 / 29,000원
폴란드의 인기 그림책 작가 부부가 3년에 걸쳐 그린 대형 지도그림책입니다. 세계 42개국의 지도에 명물과 명소가 빼곡하게 들어찬 일러스트가 압권입니다.

지구본 세계여행
박수현 지음 / 책읽는곰 / 2014 / 18,000원
지구본을 돌리면서 이 책에 나오는 이야기들을 나눈다면 아이들은 훨씬 더 흥미롭게 지구본을 가까이 할 거예요.

내가 만든 지구
제럴드 젠킨스 지음, 막달렌 베어 그림, 구둘래 옮김 / 문학동네어린이 / 2006 / 5,800원
평면의 종이를 이용해 구로 된 지구를 어떻게 만들까요? 특별한 도법으로 그려진 전개도를 칼과 가위로 오리고 풀로 붙이면 72면체의 지구본이 탄생합니다. 직접 만든 지구본을 돌려보면서 자신이 살고 있는 곳을 찾아 짚어보세요.

온 세상 사람들
피터 스피어 지음, 이원경 옮김 / 비룡소 / 2009 / 11,000원
세상에는 피부가 흰 사람도 있고 검은 사람도 있습니다. 이 세상 사람들은 모두 다양한 개성이 있고, 다르다고 해서 차별을 받아서는 안 된다는 사실을 다정한 말로 설명해줍니다.

지구마을 어린이 리포트
김현숙 글, 이루다 그림 / 한겨레아이들 / 2008 / 10,000원
크게 전통, 인권, 사회, 환경이라는 4개의 장 아래에 저마다 다른 주제를 담은 14개 나라 이야기가 들어 있습니다. '어린이의 삶을 통해 보는 오늘날 세계의 모습'이라는 주제로 우리가 살고 있는 세상을 거짓 없이 보여주고, 그 안에서 함께 생각해볼 거리를 찾아본다는 점에서 일반적인 세계 문화를 소개하는 책과 구별됩니다.

세계의 인사법
초오 신타 지음, 김창원 옮김, 노무라 마사이치 감수 / 진선아이 / 2007 / 8,800원
세계 각국의 인사를 비교하면서 민족성을 자연스레 알려줍니다. 인도인은 손을 모은다, 캐나다와 이누이트인은 웃는다 등 책 끄트머리에 나오는 인사에 대한 고찰도 재미있습니다.

여기가 우리 집이라면
자일스 라로슈 글·그림, 우순교 옮김 / 시공주니어 / 2012 / 9,500원
세계 각지의 집을 정밀한 페이퍼 크래프트로 재현했습니다. 주택별로 건축 양식과 만들어진 방식 등의 정보를 간추려놓았습니다.

다른 나라 아이들은 어떤 집에 살까?
니키 테이트·대니 테이트-스트래튼 지음, 김아림 옮김 / 초록개구리 / 2016 / 9,500원
세계에는 생활방식과 환경에 따라 다양한 집이 있습니다. 바위 속을 파내 집을 만들기도 하고, 이동식 천막에서 사는 사람도 있습니다. 우리가 살고 있는 집과 세계의 집들이 어떻게 다른지 알아보고, 미래에는 어떤 집에 살지를 상상해볼 수 있는 책입니다.

다른 나라 아이들은 무슨 놀이를 할까?
니콜라 베르거 지음, 이나 보름스 그림, 윤혜정 옮김 / 초록개구리 / 2016 / 11,000원
총 21개 나라 아이들의 놀이를 소개합니다. 국가에 대한 간단한 설명을 먼저 하고 놀이의 이름, 놀이의 방법을 소개하지요. 놀이의 이름을 보면 생소하지만 놀이 방법을 보면 우리나라에서 하는 놀이와 같은 것도 있습니다.

온 세상 국기가 펄럭펄럭
서정훈 지음, 김성희 그림 / 웅진주니어 / 2010 / 10,000원
서로 닮은 국기를 한 자리에 모아 보여줌으로써 국기가 갖고 있는 역사적 사실과 지리적 정보, 종교에 대해 설명합니다. 세계 60여 개국의 국기를 통해서 다양한 나라와 문화에 대해 배우고 다른 문화에 대한 이해력을 기를 수 있습니다.

세계일주 국기 카드 123
해달별 편집부 지음 / 해달별 / 2016 / 15,000원
특별부록으로 제공되는 '벽에 붙이는 대형 세계 지도'와 '어린이 여권'을 가지고 전 세계 123개국의 국기와 나라별 정보를 놀면서 배우는 국기 카드입니다. 특히 123개의 개별 국가의 국기의 뜻을 설명하는 '국기 설명'을 추가했고, 나라 이름은 알지만 그 나라가 어디에 있는지 모르는 반쪽 공부를 벗어나기 위해 대형 세계 지도를 함께 제공합니다.

세계문화를 만나는 국기 카드 130

한국콘텐츠미디어 부설 한국진로교육센터 지음 / 한국콘텐츠미디어 / 2016 / 16,800원

'우리나라의 반대편에는 어떤 친구가 살고 있을까?', '코알라는 어느 나라에 살까?', '대왕판다가 대표 동물인 나라는 어디일까?', '세계에서 가장 높은 산은 무엇일까?' 등의 궁금증을 국기 카드와 함께 전 세계 곳곳을 여행하면서 풀 수 있어요.

유네스코 세계유산

내셔널지오그래픽 편집위원회 지음, 이화진 옮김, 전국지리교사모임 감수 / 느낌이있는책 / 2011 / 14,800원

한국의 창덕궁과 조선왕릉을 포함해 중국의 만리장성, 프랑스의 베르사유 궁전, 이집트의 피라미드 등 유네스코 세계유산 100여 곳을 선정해 소개합니다. 200여 장의 생생한 사진이 수록되어 있으며, 1997~2010년 세계유산 목록도 확인할 수 있습니다.

세계자연유산: 한 번은 가보고 싶은 37곳의 절경

일본 뉴턴프레스 지음 / 뉴턴코리아 / 2013 / 18,000원

세계 각지의 자연유산 중에서도 특히 경관이 뛰어나고 지질학·생물학적으로도 중요한 37곳을 엄선해 조감도와 대표 사진, 전문가의 핵심 설명을 통해 상세히 설명합니다. 자연유산의 모습을 한눈에 바라보는 조감도에서는 자연유산의 지형을 전체적으로 파악할 수 있으며, 동식물 그림에서는 대표적인 생물의 살아 있는 것 같은 모습을 확인할 수 있습니다.

대한민국 문화유산 VS 세계 문화유산

이형준 글·사진 / 시공주니어 / 2015 / 13,000원

유네스코가 선정한 우리나라의 문화유산인 종묘, 창덕궁, 수원 화성, 불국사와 석굴암, 해인사 장경판전, 고창·화순·강화 고인돌 유적, 경주 역사유적지구, 조선 왕릉, 양동마을과 하회마을, 남한산성까지 10개의 문화유산을 자세히 살펴보면서 유사한 성격을 가진 다른 나라의 문화유산에는 어떤 것이 있고, 어떤 공통점과 차이점이 있는지를 알아봅니다.

얘들아, 안녕

소피뿌로 피에르베르부 지음, 우버 오메르 사진, 장석훈 옮김 / 비룡소 / 2004 / 16,000원

세계 53개 나라의 가족사진이 한 권에 담겨 있습니다. 한 컷의 가족사진은 세계 여러 나라 문화에 대한 그 어떤 설명보다 더 많이 배우고 느끼게 합니다. 또 사진 속 어린이들이 자기 나라 말로 "안녕"이라고 인사를 건네며 편지글을 남겼는데, 편지글에서 각 나라의 생활과 문화를 엿볼 수 있습니다.

지도 컬러링북
나탈리 휴즈 지음 / 부즈펌어린이 / 2015 / 14,800원
전 세계를 도합 23지역으로 나누어놓은 세계 지도로, 자신이 좋아하는 색을 지도 위에 입히는 형식입니다. 즐겁게 색칠놀이를 하면서 그 지역의 문화와 동식물도 배울 수 있어 좋습니다.

세계의 여러 나라
내셔널지오그래픽 편집위원회 지음, 남혜리 옮김, 전국지리교사모임 감수 / 느낌이있는책 / 2012 / 14,800원
세계를 크게 지리적 위치로 나누고 지역과 국가를 작은 단위로 하여 세계 각지의 다채로운 모습을 생동감 있게 소개합니다. 엄선된 500여 장의 사진자료가 실려 있어 책을 보고 나면 세계일주를 한 듯한 느낌이 듭니다.

손으로 그려봐야 우리 땅을 잘 알지
구혜경·정은주 지음, 김효진 그림 / 토토북 / 2011 / 15,000원
지도를 직접 따라 그리고 색칠하고 스티커도 붙여보며 놀 수 있도록 구성된 책입니다. 몇 번을 따라 그려도 쉽게 찢어지지 않는 투명한 종이와 지도에 붙이는 스티커가 부록으로 들어 있고, 지도를 그리는 페이지만 따로 묶은 별책부록도 들어 있어 한 번 더 그려볼 수 있습니다.

손으로 그려봐야 세계지리를 잘 알지
구혜경·정은주 지음, 김효진 그림 / 토토북 / 2014 / 15,000원
스스로 지도를 따라 그리고 색칠하고 스티커를 붙이는 등 다양한 활동을 할 수 있게 구성되어 있고 세계 지도를 읽는 법, 세계의 시간대, 지형과 기후 등 세계 지리 학습에 필요한 기초 정보에서부터 대륙별, 나라별 인문·자연지리 정보가 알차게 들어 있습니다.

글로브 박사와 떠나는 세계유산 미로 여행
가미야마 마스미 지음, 김정화 옮김 / 길벗스쿨 / 2016 / 13,000원
역사적·문화적으로 가치가 높은 유네스코 세계유산을 세밀하게 표현하고, 그 위에서 어린이들이 미로 찾기와 숨은그림찾기를 즐길 수 있습니다. 놀이책의 기능을 하는 것은 물론 세계 지리와 문화, 여행에 대한 정확한 지식까지 습득할 수 있는 그림놀이 책이지요.

세계의 시장 구경, 다녀오겠습니다

이형준 글·사진 / 시공주니어 / 2013 / 11,500원

전 세계의 흥미진진한 풍물시장으로 아이들을 안내합니다. 다채롭고 생생한 사진과 함께 세계 곳곳의 풍물시장을 구경 다니면서 다양한 문화를 체험해보아요.

세계의 시장 여행

테드 르윈 지음, 이선오 옮김 / 북비 / 2014 / 13,000원

세계 오지 여행을 통해 전통을 지키며 살아가고 있는 사람들의 이야기로 울림이 있는 그림책을 만들어온 칼데콧 수상 작가 테드 르윈이 이번에는 세계문화유산 도시 속에 숨어 있는 전통시장을 찾아 나섭니다. 남아메리카 안데스의 고산지대부터 중앙아프리카의 무더운 정글까지, 펄펄 살아 숨 쉬는 시장 이야기가 펼쳐집니다.

펼쳐라 세계지도

최영선 지음, 홍승우 그림 / 문학동네 / 2011 / 12,000원

히말라야산은 왜 점점 키가 크고 있는지, 인도에는 왜 그렇게 여러 종류의 말을 하는 사람들이 함께 살고 있는 건지, 스위스는 왜 중립국을 선언했는지 등 지도를 보며 7개 대륙별로 역사, 문화, 지리를 풍부한 지도 자료와 재미있는 만화로 살펴봅니다.

나의 첫 번째 세계지도

안드레아 에르네 지음, 안네 에버트 그림, 이상희 옮김 / 크레용하우스 / 2017 / 20,000원

세계 지도와 문화를 플랩북으로 만나봅니다. 우리가 사는 지구에는 많은 나라가 있습니다. 크게 나누면 여러 대륙으로 이루어졌다 볼 수 있지요. 지도를 보며 여러 나라와 대륙에 대한 정보, 기후, 문화 등을 알아봅니다. 장마다 열어볼 수 있는 정보도 많이 있습니다.

● COLUMN ● 디지털 지도도 노련하게 활용하자

현대인에게 가장 친숙한 지도는 구글 맵 같은 디지털 맵일지도 모릅니다. 목적지까지 가는 순서나 최단 루트를 인터넷으로 '검색'하는 건 우리에게 이미 일상적인 일입니다. 저는 지도 읽는 법을 아직 깨치지 못한 아이들에게 이 '검색'을 적극적으로 경험시켜주는 것이 좋다고 생각합니다. 스스로 문자 입력이 가능하다면 직접, 그게 아직 힘들 경우에는 부모가 대신 입력해주면 아이와 함께 지도를 보는 기회를 늘릴 수 있습니다.

아들이 어렸을 때 제가 자주 쓰던 기술이 있습니다. 우리 집에서 몇 킬로미터 떨어진 곳으로 외출할 때 목적지를 검색하면서 일부러 클릭을 잘못해서 세계 지도까지 켜버리는 겁니다. 그때 아이가 "악!" 하고 놀라면 천연덕스럽게 "어이쿠, 세계 지도까지 켜졌네"라고 말하며 전체 지도로 확대시킵니다. 그리고 세계 → 아시아 → 우리나라 → 시 → 구 → 동 순으로 큰 지도에서 작은 지도로 축소해가는 과정을 아이에게 보여주는 겁니다. 지도의 확대와 축소는 추상적 개념을 구체적인 것으로 연결시키는 감각과 위에서 아래로 내려다보는 감각을 기르는 데 매우 효과적입니다.

디지털 맵에는 다양한 이점이 있습니다. 예를 들어 언제나 최신 지도를 표시해주고, 빌딩 이름이나 시설명으로도 장소를 검색할 수 있지요.

구글 어스(Google Earth)를 사용하면 스트리트 뷰로 건물의 외관까지 볼 수 있고, 3D의 지구를 탐색하는 것도 가능합니다. 다만 인터넷이 보급되지 않은 산간벽지에서는 쓰지 못하는 약점이 있습니다.

평면 지도나 지구본을 인터넷 지도와 병행해 쓰면 디지털의 강점과 편리함이 더욱 살아나게 됩니다.

5장

아이의 언어 능력을
키워주는 사전의 힘

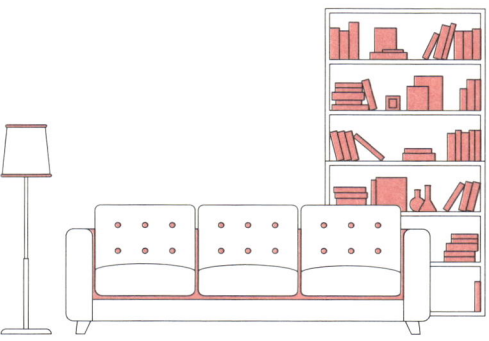

무조건
부모가 먼저

-
-
-

"그렇구나!"라고 말하며 사전을 펼치자

사전은 어휘력을 늘려주는 도구입니다. 어린 시절부터 사전에 익숙한 아이와 그렇지 못한 아이는 성장한 뒤에 지식의 양을 비교하면 크게 차이가 납니다. 하지만 가까이 하기엔 부담스러운 것이 사전이지요.

    작은 글자들이 빼곡히 늘어선 사전은 도감이나 지도에 비해 시각적인 요소가 적어 어른들도 크게 재미를 느끼지 못합니다. 하물며 아이들이 사전을 재미있어 할 거라고 기대해서는 당연히 안 됩니다. 제 지인의 일곱 살짜리 아들은 거실에 둔 아이 전용 책장에 사전이 꽂혀 있으면 "이건 내 것이 아니야!"라고 소리치며 부모의 책장으로 옮기려 든다고 합니다. 이렇듯 사전이라는 도구는 아이들에게 '어렵게' 비치는 법입니다.

요즘 나오는 어린이용 사전들은 가독성을 높이기 위해 이모저모 고민한 흔적이 보이기는 합니다. 그래도 역시 아이가 자발적으로 펴볼 것이라 기대하기는 어렵습니다. 그렇다고 억지로 보게 했다가는 사전 자체를 싫어하게 될 수도 있습니다.

<u>아이가 사전에 친숙하게 만들려면 부모의 노력이 선행되어야 합니다. 사전을 펴고 재미있어하는 모습을 아이에게 자주 보여주어 사전에 대한 저항감을 누그러뜨리세요.</u> 예를 들어 도감과 지도, 뉴스에서 모르는 말이 나오면 "신경 쓰이네"라고 말하며 사전을 펼치는 겁니다. 그런 다음 "아, 그렇구나"라고 말하며 '의미를 알게 되니 참 개운하다'는 모습을 보여주세요. 그러면 아이는 그게 무슨 말이었냐고 물으며 관심을 가질 것입니다.

여기서 가장 중요한 점은 '사전이란 걸 펴면 엄마가 척척박사가

되고 신나 보인다'라는 느낌을 아이가 받게 하는 것입니다. 그리고 '글자를 많이 읽을 수 있게 되면 나도 사전을 잔뜩 쓸 거야' 하는 마음을 심어주어야 하지요.

아이가 어릴 때는 '사전이란 엄마 아빠가 대신 펴주는 것' 정도로 아이가 사전을 인식하게 해주세요. 그것이 아이와 사전의 거리를 좁히는 요령입니다. 그리고 아이와 함께 사전을 보는 기회를 차츰 늘려나가면 됩니다. 아이는 알고 싶은 말을 스스로 찾아내면 "있다!"라고 말하며 무척 기뻐합니다. 그 성취감을 함께 느껴주세요.

아이가 사전에 정을 붙이려면 '찾아서 알게 되는 건 즐겁다'는 체험이 차곡차곡 쌓여야 합니다. 이러한 체험이 얼마나 쌓이느냐에 따라 사전을 펼쳐 말의 바른 의미를 알고 싶어 하는 능동적인 자세가 길러지며, 사전을 펴는 게 일상적인 행위가 되어갑니다.

사전 책갑은 무조건 벗겨놓자

아이를 사전에 익숙하게 만드는 비법은 '읽고 쓰기를 떼면 사주자'가 아니라 최대한 빨리 아이 곁에 사전을 두는 것입니다.

<u>아이와 말을 주고받게 되면 무조건 사전을 거실에 마련해두세요. 기회가 될 때마다 바로 사전을 펼 수 있게 환경을 조성해야 합니다.</u> 그리고 '모르는 것이 생기면 바로 찾아볼 수 있는 편리한 것이 사전'이라는 사실을 생활 속에서 아이에게 수시로 전달하세요.

사전과 아이의 거리를 좁히려면 우선 사전 책갑은 무조건 벗기는 게 요령입니다. 궁금한 단어가 생겼을 때 바로 사전을 펼칠 수 있도록 사전만 책장에 꽂아두세요. 사전을 두는 장소는 지구본이나 지도와 마찬가지로 TV 근처가 좋습니다. 혹은 책장에서도 아이

의 시선이 닿고 아이가 꺼내기 쉬운 위치가 바람직합니다.

사전은 아이용과 어른용을 같이 구비해두기를 추천합니다. 아이용 사전은 알기 쉽게 편집되어 있지만 최소한의 어휘만으로 이루어진 탓에 찾고 싶은 단어가 실려 있지 않은 경우가 종종 있습니다. 그럴 때 수록 어휘가 많은 어른용 사전이 있으면 아이와 함께 찾아볼 때나 아이의 의문에 답할 때 좋은 보조도구 역할을 해줍니다.

그리고 아이의 "여기에는 안 나와!" 하는 말은 큰 기회입니다. "어린이 사전에 안 나오는 말을 알고 싶어 하다니 대단한데! 좀 더 어려운 사전에서 찾아보자" 하며 아이를 살짝 추어올려주면서 어른용 사전으로 아이의 관심을 유도할 수 있습니다.

아이의 자존심을 살짝 간질이기만 해도 언어에 대한 아이의 관심을 훌쩍 높여줄 수 있습니다.

영상을 같이 보여주면 더 효과적이다

여러분이 알아두었으면 하는 것이 있습니다. 사전을 찾아볼 때 단어 해설을 확인하고 덮는 분이 많은데, 그래서는 아이가 '단어의 의미'까지 파악하지 못합니다. 단어의 의미는 그 단어가 어떻게 쓰이는지까지 확인해야 온전히 이해할 수 있습니다. 다시 말해, 사전이란 단어가 어떻게 쓰이는지 알기 위한 도구인 셈이지요.

단어는 쓰이는 상황이 반드시 있습니다. 단어가 어떠한 상황에서 어떻게 쓰이는지를 모른다면 그 단어를 알았다고 할 수 없습니다. <u>진정으로 단어를 이해하려면 영상을 보며 단어를 익히는 방법이 가장 효과적입니다.</u>

이를테면 해당 단어를 보고 관련 영상을 떠올릴 수 있도록 단어와 같이 영상을 보여주는 것이죠.

저는 아직 사전을 찾는 데 익숙하지 않은 아이에게 단어의 뜻을 설명할 때 '문자와 이미지 병용 검색'을 하곤 합니다. 웹에서 이미지를 검색해 나온 '천칭'의 사진을 보며 그 뜻을 사전으로 조사하는 식으로요. 그렇게 하면 단어의 의미와 영상 혹은 상황이 연결되어 해당 단어의 뜻을 파악하기 쉬워집니다. 아이도 영상이나 이미지가 있으면 즐거워하며 나서서 찾습니다. 사전을 친숙하게 여기게 만드는 좋은 방법입니다.

사전은 보는 방식이 있습니다. 우선 예문을 먼저 봐서 해당 단어가 어떻게 쓰이는지를 알게 된 다음 단어 해설을 봅니다. 그리고 예문으로 돌아와 다시 한 번 쓰임새를 확인합니다. 이렇게 하는 이유는 단어는 사용되어야 비로소 의미를 갖기 때문입니다. 사전에 실린 단어의 의미는 일반적인 뜻에 지나지 않습니다. 단어의 의미를 통으로 암기해버리면 단어 자체를 일대일로 대응하는 해답처럼 인식해 가변적인 상황에서는 그 단어의 의미를 구분하지 못하게 됩니다.

따라서 단어를 제대로 기억하려면 의미의 해설보다 예문을 기억하는 편이 효과적입니다.

우리 아이에게
알맞은 국어사전,
이렇게 고르자

유아에게 맞는 사전 고르기

유아가 국어사전에 익숙해지려면 단어에서 영상을 떠올릴 수 있어야 합니다. 따라서 유아에게는 단어가 그림으로 묘사되어 실제 상황과 단어의 쓰임새를 이어 생각하기 쉬운 '단어 그림사전'이 적절합니다.

단어 그림사전은 어휘력을 늘리는 것에 목적이 있지 않습니다.

그림을 보며 단어를 체험하는 게 진정한 목적입니다. 즉 단어에는 영상이나 행동이 따른다는 것을 희미하게나마 느끼게 해주는 용도인 셈이죠. 그림책을 읽어주는 기분으로 아이와 함께 그림을 보면서 "이렇게 앉는 걸 '양반다리'라고 하는 거야" 하는 식으로 아이에게 단어의 의미를 가르쳐주세요.

단어 그림사전을 고를 때는 일러스트나 채색의 느낌, 가독성 등을 살펴 아이에게 맞는지를 우선으로 고려해주세요. 아이가 펴고 싶어 하는 사전이 무엇인가에 주안점을 두고 고르면 됩니다.

 ● 책쟁이엄마의 추천도서 ●

한글 영어 그림사전
삼성출판사 편집부 지음, 장우주 그림 / 삼성출판사 / 2016 / 9,800원
이제 막 말을 배우기 시작한 아이를 위한 첫 사전이에요. 아이가 꼭 알아야 할 필수 단어 300여 개를 동물, 음식, 탈것, 가족, 집 안 물건 등 주제별로 소개해 연상작용을 통해 풍부한 어휘력을 키울 수 있어요. 우리말과 동시에 영어단어도 함께 표기되어 있어 첫 영어 학습에도 좋아요.

글을 읽을 수 있는 유아와 초등학교 저학년용 사전 고르기

이 시기에는 그림사전과 본격적인 사전의 다리 역할을 하는 사전이 필요합니다. 그림사전보다는 단어가 많고 글자 크기도 작지만 일러스트나 사진이 풍부해 본격적인 사전으로 진입할 수 있게 도와줍니다. 하지만 이 사전 역시 수록된 어휘의 양이 적기 때문에 어른용 사전과 함께 봐야 합니다. 사전을 찾는 행위에 '익숙해지기' 위한 도구로 생각하고 활용하는 게 좋습니다.

 ● 책쟁이엄마의 추천도서 ●

나의 첫 국어사전
채인선 책임집필 · 편집 / 초록아이 / 2008 / 19,500원
사전을 처음 접하는 아이들의 눈높이에 꼭 맞춘 국어사전입니다. 어려운 한자어 대신 이해하기 쉬운 우리말을 사용해 1,400여 개의 표제어를 정감 있게 설명하고, 아이들의 일상생활을 소재로 예문을 만들었습니다. 부록에는 동음이의어, 단위명사, 의성어, 의태어, '국어사전과 놀아요'와 그림 색인이 실려 있습니다.

말에 대한 관심이 높아진 초등학교 고학년용 사전 고르기

'초등 국어사전'과 같은 제목을 붙여 나오는 대부분의 사전은 일종의 간이 사전입니다. 본격적인 사전에 비해 어휘량은 적지만 초등학교 학습에 필요한 어구의 80퍼센트 정도는 수록되어 있습니다.

이 시기에 사전을 고를 때는 뭐든지 좋으니 단어 하나를 정한 뒤 여러 종의 사전을 뒤져 해당 단어를 찾아보세요. 그리고 아이가 가장 쉽게 이해한 사전을 골라 구입하면 됩니다.

● 책쟁이엄마의 추천도서 ●

국어가 좋아지는 국어사전

오성균 지음, 류미선 그림 / 킨더랜드 / 2016 / 14,800원

현직 교사가 고르고 풀이한 교과서 단어들을 가나다 순으로 정리했습니다. 낱말이 한자어인 경우에는 해당 한자와 음과 뜻을 알려주어 낱말의 뜻을 정확하게 이해할 수 있도록 했고, 쉬운 풀이와 그림 설명, 다양한 예문 제시를 한눈에 보기 쉽게 하고, 아이들이 사전을 찾는 즐거움과 함께 낱말의 뜻을 이해하고 활용할 수 있도록 했습니다.

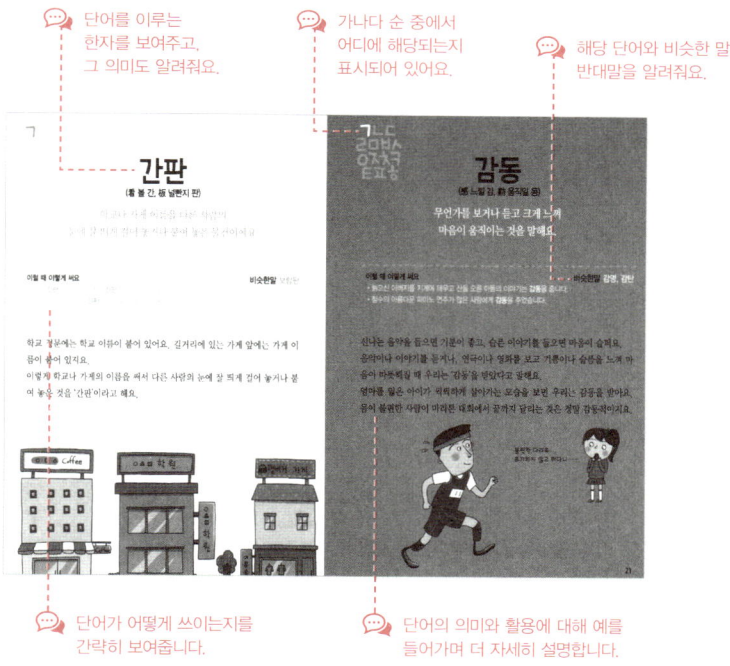

- 단어를 이루는 한자를 보여주고, 그 의미도 알려줘요.
- 가나다 순 중에서 어디에 해당되는지 표시되어 있어요.
- 해당 단어와 비슷한 말, 반대말을 알려줘요.
- 단어가 어떻게 쓰이는지를 간략히 보여줍니다.
- 단어의 의미와 활용에 대해 예를 들어가며 더 자세히 설명합니다.

• **흥미 포인트:** 평소에 자연스럽게 쓰는 단어들 중에서 한자어가 참 많아요. 한자를 알면 그 의미를 더 확실히 알 수 있죠. 한자를 익히게 하기보다 그 의미를 알 수 있게 유도해주세요.

보리 국어사전
토박이 사전편찬실 지음, 윤구병 감수 / 보리 / 2015 / 60,000원
2015년 1월 현재 쓰이는 초등학교 교과서 속 낱말을 가장 충실하게 반영한 사전입니다. 문화재, 동식물 이름과 2013년에 바뀐 정부 부처와 여러 나라에 대한 정보도 가장 최근 것으로 실었습니다. 20여 년간 보리에서 만든 여러 종류의 도감에 실린 정보가 고스란히 담겨 있습니다.

보리 국어 바로쓰기 사전
남영신 편저 / 보리 / 2017 / 80,000원
단어의 기본형은 물론 동사와 형용사의 활용형을 찾을 수 있고, 틀린 낱말도 올림말로 올려서 바른 올림말과 비교하고 왜 틀렸는지를 설명해줌으로써 아이들이 손쉽게 상황에 알맞은 말을 골라 정확하게 쓸 수 있도록 했습니다.

난 낱말사전이 좋아!
프랑수아즈 부셰 지음, 송아리 옮김 / 파란자전거 / 2012 / 10,900원
언어의 기초 표현 단계인 '낱말'을 활용해 재미있는 말놀이를 할 수 있도록 구성된 활동서입니다. 낱말을 익히다 보면 독서에 대한 흥미도 조금씩 높아집니다. 재미있고 유쾌한 낱말놀이 책을 완성하며 아이들의 언어 감각도 함께 발달할 수 있도록 짜인 책입니다.

신통방통 국어사전 찾기
박현숙 지음, 문채영 그림 / 좋은책어린이 / 2012 / 8,500원
아이들에게 국어사전을 사용해야 하는 이유부터 국어사전을 쓰기 전에 알아야 할 점, 국어사전을 직접 사용해보기 등 순차적인 단계를 통해 아이들이 직접 국어사전을 쉽고 빠르게 사용할 수 있도록 도와줍니다. 이 책을 읽은 아이들은 이야기 속 주인공과 함께 재미있게 학습하면서 어휘와 국어에 자신감을 가지게 될 것입니다.

재고 세고!
박남일 지음, 문동호 그림 / 길벗어린이 / 2007 / 11,000원
섬세하고 재미있는 우리말의 아름다운 세계를 잘 보여줍니다. 수와 양을 나타내는 우리말들을 길이나 양, 수와 나이, 시간과 날짜를 재고 세는 말들로 나누어 묶었습니다.

뜨고 지고!
박남일 지음, 김우선 그림 / 길벗어린이 / 2008 / 12,000원

자연 속에 숨어 있는 우리말을 찬찬히 살펴봅니다. 자연현상을 표현하는 다채로운 우리말을 해·달·별, 바람과 구름, 비와 눈, 들·강·바다로 나누어 끼리끼리 묶었습니다. 알면 알수록 고운 우리말의 멋을 느끼는 시간이 될 것입니다.

지지고 볶고!
박남일 지음, 김우선 그림 / 길벗어린이 / 2013 / 11,000원

우리 밥상과 관련된 우리말 사전입니다. 밥상의 주인인 밥과 관련된 낱말, 밥상을 부르는 말, 떡과 관련된 말, 김치, 나물, 구이, 맛 등 다양한 말들을 끼리끼리 묶어서 그 뜻과 쓰임을 가르쳐줍니다. 다양한 우리말의 세계를 알고 표현력을 키우는 데 큰 힘이 되어줄 책입니다.

도대체 뭐라고 말하지? : 우리말의 숫자와 시간
김성은 지음, 이경석 그림, 박대범 감수 / 한솔수북 / 2013 / 11,000원

우리말에 있는 나이와 숫자, 날짜와 시간 그리고 '때'를 나타내는 어휘 표현을 재치 있는 그림과 이야기로 알기 쉽게 설명해줍니다. 우리말 전문가의 감수를 거쳐 보다 정확하고 명료한 우리말 표현을 선별해 담았습니다.

도대체 뭐라고 말하지? : 교과서 속 비슷한 말, 높임말
서지원 지음, 현태준 그림, 박대범 감수 / 한솔수북 / 2015 / 11,000원

초등 1~2학년과 3학년 국어 교과서에서 헷갈리기 쉬운 35여 개 어휘를 뽑았습니다. 소리는 같지만 뜻이 다른 말, 여러 가지 뜻이 있는 말, 헷갈리기 쉬운 비슷한 말, 높임말과 높임말을 쓰지 않는 경우까지 우리말 전문가의 감수를 거쳐 다양한 어휘를 쉽고 재미있는 만화식 설명으로 담았습니다.

도대체 뭐라고 말하지? : 알쏭달쏭 관용 표현
곽영미 지음, 김무연 그림, 박대범 감수 / 한솔수북 / 2015 / 11,000원

일상생활에서 흔히 사용하지만 아이들에게는 알쏭달쏭한 우리말 표현을 재치 있는 이야기와 그림으로 알려줍니다. 이 책을 통해 유치원부터 초등학교 아이들의 우리말 어휘력과 표현력을 키우고, 더 나아가 실생활에서도 야무지게 활용할 수 있습니다.

초등학교 고학년부터 보는 사전 고르기

아이가 어느 정도 사전을 찾는 데 익숙해졌다면 이제 고등학교 수준까지 활용할 수 있는 사전을 접하게 해주세요. 이 정도 수준의 사전은 문장을 깊이 이해하거나 언어 감각을 키우는 데 적합합니다. 만약 아이가 사전에 큰 관심을 가지고 충분히 찾아보기를 원한다면 어른용 사전을 건네주세요. 그리고 아이가 사전을 활용할 때 "아주 수준 높은 공부를 하는구나!" 하고 칭찬해주면 아이는 더욱 의욕적으로 변합니다.

아이는 새로운 말을 익히면 자랑하고 싶고 써먹고 싶어 합니다. 그럴 때는 "그런 어려운 말을 다 알아?"라고 아이를 한껏 칭찬해줌으로써 아이가 자긍심을 갖게 해주세요. 말을 알고 사용하는 건 근사한 일이라고 느끼게 해주는 것 역시 아이의 사전 찾기를 습관화하는 힘이 됩니다.

 ● 책쟁이엄마의 추천도서 ●

10대와 통하는 새롭게 살려낸 우리말
최종규 지음, 강우근 그림, 숲노래 기획 / 철수와영희 / 2015 / 14,000원
20년 동안 우리말 지킴이로 일하며 이오덕 선생님 유고와 일기를 정리한 최종규가 청소년 눈높이에 맞추어 쓴 책으로, 한국말 이야기를 담고 있습니다. 151가지 주제 글을 통해 서양 말투나 번역 말투, 일본 말투에 물들어 잘못 쓰는 한국말에 대한 이야기를 쉽게 알려줍니다.

초중 교과 속뜻학습 국어사전
전광진 편저 / LBH교육출판사 / 2013 / 48,000원
초등학교 학습용 어휘 2만 8,000개를 실었습니다. 국어사전이면서도 한영사전, 한한사전, 한자자전 기능도 겸하고 있습니다. 속뜻풀이로 이해를 도와 어휘력을 향상시켜줍니다.

공부가 되는 재미있는 어휘사전
글공작소 지음 / 아름다운사람들 / 2012 / 14,000원
아이들이 일상에서 어휘력을 확장시키고 사고력을 키워나가는 데 반드시 알아야 할 교양 어휘와 시사 어휘가 함께 어우러져 있습니다. '머피의 법칙'과 '샐리의 법칙'처럼 서로 반대되는 뜻을 가진 어휘를 같이 묶어 설명하기도 하고, '스핑크스'와 '오이디푸스'처럼 서로 관련 있는 어휘들을 함께 설명하는 등 모든 어휘들이 서로 짝을 이루고 있어 비슷한 어휘는 물론 그 배경지식과 연관 어휘까지 함께 익힐 수 있습니다.

엣센스 국어사전
민중서림편집국 편 / 민중서림 / 2016 / 48,000원
16만여 표제어를 수록하고 있어 학생부터 어른까지 두루 사용하기에 적당한 사전입니다.

한자사전은
아이의 어휘력을
훌쩍 높이는 히든 카드다

한자 하나로 아이의 지식이 줄줄이 늘어난다

한자사전은 아이의 어휘력을 높이는 데 안성맞춤인 도구입니다. 한자사전을 보면 하나의 한자에 여러 개의 숙어가 실려 있어 한자를 하나 외우면 그걸 토대로 어휘를 늘려갈 수 있기 때문입니다. 그리고 한자의 구성 방식이나 부수의 의미를 알게 되면 처음 보는 한자라도 그 뜻이 무엇인지 대략이나마 추측할 수 있습니다.

지식은 서로 맞물려 있습니다. 핵이 되는 지식이 하나 생기면 그걸 중심으로 지식을 주르륵 늘릴 수 있지요. 지식을 연결해 언어 능력을 넓히고자 할 때 한자사전은 대단히 유용합니다.

한자카드나 한자의 내력을 해설한 책도 유용하다

아이가 말을 익히는 것과 마찬가지로 한자 습득도 가정환경이 크게 좌우합니다. 예를 들어 뉴스에서 '시마네(島根)'라는 지역명이 화제가 됐을 때 "시마네 외에 '島'자가 붙는 지역명이 또 있던가?" 하고 아이에게 물어보거나 "티푸드는 다과(茶菓)라고 하는데 녹차(綠茶)는 차라고 읽네" 하고 음독의 차이를 들려주는 등 평소 부모가 얼마나 이것을 화제로 말을 자주 건네는지가 아이의 한자 실력에 영향을 미칩니다.

갑자기 한자사전을 건네면 아이들은 대부분 싫어합니다. 그러니 무조건 한자사전을 들이밀지 마세요. 우선은 학년별로 배우는 한자표나 한자카드 같은 기초적인 단계부터 시작하는 게 좋습니다. 거실이나 욕실 등에 한자표를 붙여두거나 한자

카드로 놀아주면 아이의 눈에 들어온 한자가 자연스레 머릿속에 입력되어 무의식중에 그 한자를 기억하게 됩니다.

한자의 생성 원리나 유래를 설명한 책도 도움이 됩니다. 예를 들어 '人'이라는 한자는 인간이 옆을 보고 선 형상을 나타내기 때문에 '사람'이라는 뜻이라는 걸 알게 되면 아이의 한자에 대한 이해도가 놀라울 정도로 높아집니다. 또 '類'라는 한자를 접한 대부분의 아이들은 '획수가 많아서 싫다'는 생각을 하게 됩니다. 하지만 한자의 구조와 유래에 대한 지식이 있는 아이라면 "이 한자에는 '머리 두(頭)'와 같은 부수(頁)가 달렸네. 그럼 이 한자는 어떤 의미가 있는 걸까?"라며 궁금해하고 흥미로워할 겁니다. 한자가 나타내는 의미를 유추해낼 수 있으므로 숙어에 대한 이해가 깊고, 결과적으로 어휘력이 향상됩니다.

속담사전, 백과사전, 만화로 배우기 시리즈도 구비하자

아이가 사전에 익숙해져 더욱 깊게 활용하길 바란다면 유의어사전, 속담사전, 존댓말사전, 영한사전 등도 구비해놓으세요. 사용 빈도는 그리 많지 않겠지만 마련해두면 배움의 깊이가 놀랍도록 깊어집니다.

  국어사전과 도감의 시각적 요소를 융합시킨 백과사전은 사전이 지닌 학습 효과를 더욱 강화시켜주는 도구입니다. 공간에 여유가 있다면 꼭 구비해두세요. 최근에는 만화로 언어를 익히는 책들도 다양하게 나와 있는데, 아이가 좋아하는 만화를 통해 사전에 재미를 붙이도록 유도하는 것도 좋은 방법입니다.

 ● 책쟁이엄마의 추천도서 ●

마법천자문 3D TV 애니메이션 한자 그림책: 타 올라라! 불 화!

신연미 지음, ㈜지엔지엔터테인먼트 그림 / 아울북 / 2013 / 12,000원

유아들을 위한, 한자가 저절로 기억되는 이미지 학습 그림책입니다. '마법천자문 3D TV 애니메이션' 중에서도 1~7화의 내용을 압축, 최고의 명장면만을 뽑아 구성한 책으로 재미있는 이야기를 읽으면서 재미있고 자연스럽게 16개의 한자를 익힐 수 있습니다.

재미난 이야기가 있어 즐겁고~

익혀야 하는 한자를 크게 보여주어 아이들이 자연스럽게 한자를 배울 수 있어요.

한자 쓰는 순서까지 배울 수 있어요.

어린이 첫 그림한자사전 1단계
어린이 첫 그림한자사전 2단계
한자교재개발팀 지음 / 글송이 / 각 10,000원

그림으로 배우는 한자사전. 생활에서 자주 쓰는 한자 163자를 모았어요. 1단계 수록 한자와 합하면 8~6급의 한자와 그 밖에 꼭 알아야 할 한자까지 모두 포함되지요. 친숙한 그림으로 쉽게 설명되어 있어 어려운 한자도 재미있게 익힐 수 있어요.

개념 잡는 초등 한자사전
백승도 · 양태은 지음, 우지현 그림 / 주니어김영사 / 2009 / 20,000원

한자 원래 모습에서 왜 한자가 그런 뜻을 가지게 되었는지, 다양한 의미의 갈래가 어떻게 파생되었는지를 자원(字源)을 통해 설명합니다. 같은 모양을 공유하는 글자들을 함께 익힐 수 있도록 뭉치로 모아놓았으며, 뭉치들을 잘 살펴보면 의미도 공유한다는 사실을 알게 됩니다. 아직 배우지 않은 다른 한자의 의미와 음까지 쉽게 유추해볼 수 있습니다.

달력에서 배우는 교과서 한자
윤재민 · 김정숙 · 김영옥 지음 / 샘크림 / 2016 / 12,000원

우리가 매일 보는 달력 안에도 무수히 많은 한자들이 숨어 있지요. 한자만 잘 알아도 기념일에 얽힌 비밀들이 술술 풀립니다. 또한 이 책은 각 내용과 관련된 풍부한 도판 자료를 수록해 아이들의 이해를 돕습니다.

상식발전소 찌릿찌릿 한자
최승필 지음, 박기종 그림 / 소담주니어 / 2016 / 9,800원

사자성어와 우리 생활 속에 숨어 있는 한자들을 재미있는 만화와 글로 풀어냈습니다. 각각의 상황에 따라 숨어 있는 한자를 친구들과 함께 찾으며 한자의 매력을 알아갑니다.

동네에서 한자 찾기: 말하는 개 삼년이
서보현 지음, 이광익 그림 / 스콜라 / 2016 / 11,000원

재미있는 이야기를 통해 우리 주변에서 쉽게 볼 수 있는 단어를 한자로 풀어보고 뜻을 알 수 있도록 구성한 저학년용 한자 학습서입니다.

생활한자 공부사전: 초급에서 고급까지 부수별로 익히는
김성일·박충순 지음 / 시대의창 / 2007 / 16,500원
초급에서 고급, 8급에서 1급까지 자연스럽게 부수별로 흐름에 따라 익힐 수 있는 한자 학습서입니다. 가나다순으로 편집해 각각의 글자에 해당하는 한자를 나열하기보다 부수별로 분류, 동일한 부수에 속해 있는 한자들을 집중적으로 익히도록 했습니다.

손바닥 한자카드
손바닥공간 편집부 지음 / 손바닥공간 / 2011 / 22,000원
한자능력검정시험 8~5급 대비자, 유아 및 초등학생들을 위한 손바닥 한자카드입니다. 총 500장이며 한 장의 카드에 한자, 음훈, 부수, 용례, 획순과 함께 관련 그림이 있어 이해하기 쉽습니다.

사자성어로 만나는 네 글자 세상
손은주 지음, 조선경 그림 / 시공주니어 / 2008 / 10,000원
각 장마다 하나의 사자성어를 소개한 후 생활 속에서 직접 겪을 만한 상황을 소개해 그 쓰임을 알게 해주는 '생활 속 사자성어', 사자성어와 관련된 문학작품이나 옛이야기를 소개하는 '이야기 속 사자성어', 관련된 또 다른 사자성어와 그 유래 및 유사어 등을 소개하는 '사자성어 하나 더!' 코너를 두었습니다.

속담왕 대 사자성어의 달인
김하늬 지음, 주미 그림 / 뜨인돌어린이 / 2008 / 9,000원
속담골을 배경으로 태백이와 홍익이가 벌이는 좌충우돌 사건들 속에서 자연스레 사자성어를 익힐 수 있도록 했습니다. 이야기 속에서 상황에 맞는 사자성어를 녹여놓고 한 번 더 의미를 짚어주는 방식을 택했습니다.

내가 쓰고 싶은 말이 다 있는 한자일기 표현사전
넥서스 사전편찬위원회 지음 / 넥서스아카데미 / 2013 / 19,500원
한자어로 일기를 쓰면서 한자를 익히면 자신이 표현하고 싶은 한자어를 사용한 것이므로 기억에 더욱 오래 남습니다. 예문에 있는 한자 중 '한자능력검정시험'의 공인급수 4급부터 특급에 해당하는 한자는 그 음과 훈, 공인급수를 예문 바로 옆에 정리해 시험에도 대비할 수 있도록 했습니다.

학습자를 위한 한국어 유의어 사전

조민정·봉미경·손혜옥·전후민 지음 / 박이정 / 2013 / 14,000원

유의어들의 뜻을 풀이하고, 각 어휘의 쓰임새를 예문을 통해 밝혀 유의어를 상황에 맞게 쓰는 법을 제시했습니다. 또한 유의어들이 공유하는 의미와 차이 의미를 구분해서 제시해 학습자들이 유의어의 관련성과 차이점을 스스로 파악하도록 했습니다.

속담사전

이기문·조남호 지음 / 일조각 / 2014 / 38,000원

수록된 속담의 양과 해설의 풍부하며, 속담을 한문으로 수록한 옛 문헌의 내용들을 충실히 인용하고 있습니다. 또한 각 속담에는 비슷한 의미의 속담과 한문 속담이 함께 제시되어 있으므로 관련 속담도 한눈에 파악할 수 있습니다.

마법천자문 초등 속담사전

스토리나인 지음, 임성훈 외 그림 / 아울북 / 2013 / 18,000원

약 500개의 속담을 아이들에게 소개하고 어휘력과 읽기 능력까지 같이 향상시킬 수 있는 속담사전입니다. 아이들에게 선풍적인 인기를 끌었던 마법천자문 속 캐릭터들이 나와 보다 쉽고 친근하게 속담을 익힐 수 있습니다.

국어 실력에 날개를 달아주는 우리말: 관용구

문향숙 지음, 정우열 그림 / 계림북스 / 2014 / 9,500원

135개의 관용구를 크게 4개의 주제로 나누고 각 관용구의 쓰임새를 재미있게 이해할 수 있도록 간단한 이야기와 재치 있는 그림으로 풀었어요. 국어 교과서에 수록된 관용구는 따로 표시해놓았고, 각 관용구와 더불어 꼭 알아야 하는 비슷한 말, 반대말, 관련된 속담도 실었습니다.

개념 잡는 초등교과 어휘사전

신경식 지음, 우지현 그림 / 주니어김영사 / 2010 / 20,000원

초등학교 교과서에 나오는 어휘를 알기 쉽게 풀어주는 책입니다. 교과서에 사용된 용어 중에서 자주 등장하는 한자어를 뽑아 입말체로 정의해 어린이들의 눈높이에 맞추어 꼼꼼하게 풀어서 설명했습니다. 과목별로 찾아보기, 학년별로 찾아보기 등 필요에 따라 어휘 찾는 방법이 나뉘어 있어서 더욱 효과적입니다.

● COLUMN ● 사전과 친해지는 여러 가지 놀이

■ 끝말잇기

아이와 부담 없이 할 수 있는 놀이인 '끝말잇기'에 사전을 활용하면 사전에 대한 거부감이나 무관심을 없앨 수 있습니다. 아이에게는 사전을 줘서 마음대로 찾을 수 있게 허용하고, 반대로 부모는 사전 없이 게임을 합니다. 사전이라는 강력한 도구를 얻은 아이는 압도적으로 유리합니다. 어른을 이길 수 있는 절호의 기회이니 자연히 의욕이 샘솟습니다. 사전 찾기 입문용 놀이로 추천합니다.

■ 수수께끼 작전

"사기꾼이 주는 사탕이 뭐게?" 하고 수수께끼를 내서 아이가 '사탕발림'이라는 단어를 사전에서 찾게 만드는 놀이입니다. 다양한 단어를 주제로 아이와 놀아주세요. 아이가 모르겠다고 하면 "사전에서 찾아보면 나올지도 모르지"라고 사전에 정답이 있다는 힌트를 주세요. 노는 방법을 익히면 언젠가는 아이가 먼저 수수께끼를 낼 겁니다.

■ 사전 찾기 스티커 작전

사전에서 말을 하나 찾아볼 때마다 달력에 스티커를 붙여보세요. 또 아이가 좋아하며 자주 펼치는 페이지나 처음으로 펼친 페이지 군데군데에 "표시를 해두자"며 포스트잇을 붙이는 습관을 들이는 방법도 추천

합니다. 사전에 붙은 포스트잇이나 스티커가 늘어갈수록 상을 받는 느낌이라 아이는 점차 스스로 사전을 찾아보게 됩니다.

■ **동그라미 작전**

찾아본 말 위에 작은 동그라미를 그려 넣는 게임입니다. 두 번째도 역시 동그라미를 쳐 이중 동그라미(◎)로 만듭니다. 그렇게 찾았다는 표식을 남겨두면 의욕이 높아지는 효과를 볼 수 있습니다. 지식의 정착을 도울 뿐만 아니라 사전이 '남의 것', '빌린 것'이 아니라 '내 것'이라는 인식이 생기는 게 이 게임의 가장 큰 장점입니다.

6장

'관심'과 '말 건네기'야말로 최고의 학습 도우미

부모의 말 한마디가
아이의 지적 호기심을
자극한다

-
-
-

부모가 건네는 말 한마디에 아이가 달라진다

이번 장에서는 다시 한 번 말 건네기의 의미와 목적을 정리해보겠습니다. 그만큼 말 건네기가 중요하기 때문이지요.

<u>말 건네기란 의식과 사고를 움직이게 만드는 방법으로, 아이의 호기심을 효과적으로 자극해 의욕과 효능감을 이끌어내는 것이 목적입니다.</u> 특히 이 책에서 이야기하는 말 건네

기는 아이 안에 움튼 어떤 것에 부모가 '목소리'와 '말'을 건넴으로써 그것을 바깥으로 끌어내는 것입니다.

<u>부모의 목소리는 아이에게 안정감과 기쁨을 전달하고 경쟁심과 의욕을 키웁니다. 말은 의미와 내용을 아이가 파악하는 데 도움을 주며, 부모가 한 말을 통해 아이는 자신의 내면에서 벌어진 일을 인식하고 다음 행동으로 향하게 됩니다.</u>

제가 대표를 맡고 있는 개별지도 교실에서는 말 건네기 기술을 학습지도용으로 사용합니다. 예를 들어 국어 문제를 푸는 아이가 있다고 하면 그 아이의 곁에서 강사가 함께 문제를 읽으면서 "무엇에 대한 이야기였어?", "어떤 등장인물이 있었지?", "어떤 사건이 일어났어?" 식의 질문을 계속 던지는 것이지요. 강사가 던진 질문이 계기가 되어 아이는 자신의 머리만으로는 생각할 수 없었던 점을 깨우쳐 갑니다. 그리고 해당 문제에 대한 이해가 깊어지며 설문에 정확히 답변하는 사고력을 익혀갑니다.

이것을 우리는 '발문 응답법'이라 부르는데, 이 방법은 생활 전반에서 써먹을 수 있습니다.

'어떻게 이렇게 잘 알아?', '굉장하네!', '나도 가르쳐줄래?'

2장에서도 이야기했듯 부모가 의식하고 있다면 말 건네기 기회는 반드시 찾아옵니다. 아이가 TV를 보다가 특정한 것에 반응을 보일 때, 요즘 거듭 입에 올리는 주제가 있을 때, 어떤 책의 특정 페이지를 뚫어지게 쳐다볼 때가 말 건네기의 기회이지요.

<u>아이를 늘 관찰해서 요즘 아이가 관심을 기울이고 있는 대상을 찾아내세요. 그리고 그것을 주제로 아이의 지적 호기심을 자극하는 대화를 시도해보세요.</u> 아이의 말과 행동에서 특징을 잡아내 말을 건네다 보면 아이에게 의욕을 심어주는 말걸기의 방식을 깨닫게 됩니다.

예를 들어 아래의 예시처럼 아이의 상태를 살피면서 말을 건네보세요. 쓰는 말을 바꾸면 말 건네는 기술이 좋아지고, 건네는 말을 바꾸면 아이의 반응도 달라집니다.

- **아이가 아는 것을 살짝 자랑하고 싶어 하는 것 같을 때**

  "뭐야, 뭐야? 가르쳐줘."

  "대단하다! 어떻게 그런 걸 다 알아?"

- **모르는 단어 때문에 신경을 쓰는 것 같을 때**

"아마 이 사전에 나올 거야, 같이 찾아볼까?"

- **스스로 하고 싶은데 해낼 자신이 아직 없는 것 같을 때**

"어디서 찾아보려던 거였어? 아, 그건 아마 ○○에 나올걸. 괜찮아. 그럴 수도 있지 뭐."

(아이가 잘 찾아내지 못하면 '엄마(아빠)의 책임'으로 돌리는 것이 이 방식의 특징입니다. 그럴 때는 "아이고! 안 나와 있었어?" 하며 같이 찾아주세요. 아이가 두음법칙을 몰라 '여성(女性)'을 '녀성'이라 생각하고 찾지 못했다면 "맞아, 엄마도 옛날에 '이건 왜?'라고 생각했어" 하고 자신의 실패담을 들려주면 아이에게 공감하면서 안도감을 심어줄 수 있습니다.)

- **아는 것이 많아진 아이에게 스스로 생각하는 힘을 길러주고 싶을 때**

"그 표현도 좋지만 더 멋있게 만들 수 있을 거 같아."

"○○이라는 말도 알아두면 굉장히 편해."

이런 식으로 지적 호기심을 자극하는 말을 건네세요. 이때 절대로 잊지 말아야 할 것이 있습니다. 말 건네기는 아이를 부모의 의도대로 움직이게 하는 방법이 아니라는 점입니다. '모처럼 산 것이니

도감을 더 보게 해야겠어', '어서 빨리 사전을 쓸 수 있게 해야 하는데' 하고 생각하고 있으면 머지않아 아이에게 그 마음을 들키게 됩니다. '노련하게 아이를 조종하자'는 마음이 말에 실려 전달되기 때문이지요.

아이의 "왜?"에
대응하는 부모의 자세

부모만이 해낼 수 있는 미션

아이의 "왜?", "어째서?"와 같은 질문은 큰 기회입니다. 아이가 질문을 하거나 먼저 말을 꺼내고 싶어 하는 건 지적 호기심이 왕성하다는 증거이기 때문입니다. 그 타이밍에 부모가 적절히 응수해주면 아이는 안심하고 기뻐합니다. 그리고 "왜?", "어째서?"라고 자기 안에 생겨난 의문을 던지는 일에 갈수록 재미를 느끼게 됩니다.

우리 아들이 아직 어렸을 때 저는 한 가지 미션을 나 자신에게 주었습니다. 바로 아들의 "왜?", "어째서?", "어떻게?"에 끝까지 답해 주자는 것이었지요. 아이들이 하는 질문은 언뜻 소박하고 간단하게 들립니다. 하지만 막상 대답하려면 꽤나 어렵습니다. 아래는 우리 집에서 실제로 있었던 대화 내용입니다.

"아빠, 왜 아빠 밥공기가 내 것보다 더 커?"
"그건 아빠가 배가 더 고파서 그래."
"왜 아빠는 배가 더 고픈데?"
"아빠는 일을 할 때 에너지를 써. 그러니 당연히 배가 고파지지."

"아빠는 에너지를 쓴다고? 에너지가 뭔데?"

"에너지란 인간을 활동할 수 있게 만들어주는 거야."

"활동? 그건 또 뭐야?"

이 대화를 읽는 것만으로도 피곤함을 느낄 부모들의 표정이 눈에 선하군요. 예, 맞습니다. 아이들의 질문에 답을 해주는 건 소모전입니다. 아이들의 질문은 상대하는 어른을 완전히 녹초로 만들어버리지요. 더 억울한 건 이렇게 열심히 대답해주었건만 아이는 내용을 이해하지도, 기억하지도 못한다는 사실입니다. 하지만 이 시간은 분명 엄청난 가치가 있습니다. 아이의 마음이 움직인 타이밍에 호응하고 응대해주면 아이의 지적 호기심의 폭이 엄청나게 넓어지기 때문입니다.

아이가 원하는 것은 정답이 아니다

아이는 "이 세상에 사람이 몇 명이나 있어?" 하는 질문을 갑작스레 끄집어내곤 합니다. 그럴 때마다 부모는 난처해집니다. '70억이라고 말해봤자 단위를 모를 텐데' 혹은 '이걸 어떻게 대답해야 하지?' 하는 생각이 어김없이 들지요. 그래서 대부분의 부모들이 "아주 많아"라는 식으로 얼버무립니다.

확실히 70억은 아이가 실감하지 못하는 숫자입니다. 이럴 때는 아이가 실감할 수 있는 숫자로 제시해주면 됩니다.

"유치원의 친구들이 다 몇 명이더라?"
"30명 정도?"
"그럼 우리 동네에 유치원이 몇 개인지는 알아?"
"몰라. 열 개쯤 되나?"
"더 많아. 그럼 ○○초등학교에는 학생이 몇 명이나 있을까?"
"100명?"
"우리 동네에는 중학교와 고등학교도 있지. 거기는 또 학생이 몇 명이나 있을까?"

이런 식으로 작은 개념에서 큰 개념으로 계속 숫자를 확대해가는 겁니다.

이 대화는 70억이라는 숫자를 아이에게 이해시키는 것이 목적이 아닙니다. 거듭 말하지만, 말 건네기나 아이와의 대화는 정답이나 결론에 도달하기 위함이 아닙니다. 사고하는 훈련의 일종입니다. 아이가 생각을 전개한다는 데에 의의가 있습니다.

아이의 소박하고 사소한 의문은 커다란 기회입니다. 바쁘더라도 아이가 질문을 하면 하던 일을 잠깐 멈추고 대답을 해주세요.

아이의 성격별
말 건네기 방법
완전 분석

아이의 성격에 따라 말 건네기 방법도 달라야 한다

저에게 상담을 요청하는 많은 부모들이 "우리 아이는 차분한 구석이 없어요. 도통 가만히 앉아 도감을 보려 하지 않아요"라고 답답함을 호소합니다. 그렇다고 해서 "우리 애에게는 이 방식이 맞지 않다"며 포기하는 건 너무 이릅니다. 아이가 흥미를 보이지 않았다면 아이의 흥미를 이끌어내는 방법이 맞지 않았던 것인지도 모릅니다.

아이의 흥미를 끌려면 아이의 성향을 알아야 합니다. 아래의 질문들에서 '하나를 고르자면 이거다' 싶은 선택지를 직감으로 골라 주세요.

> **Q1.** 아이가 어떤 놀이를 좋아하나요?
> A. 몸 움직이기를 좋아하고, 잘한다.
> B. 그림 그리는 걸 좋아하고, 잘한다.
> C. 끝말잇기와 같은 언어 놀이를 좋아하고, 잘한다.
>
> **Q2.** 아이에게 어떤 버릇이 있나요?
> A. 뭔가를 할 때 콧노래를 자주 부른다.
> B. 볼 때마다 낙서를 하고 있다.
> C. "○○이 뭐야?" 하고 처음 접한 말의 뜻을 알고 싶어 한다.
>
> **Q3.** 집중하고 있을 때에도 아이가 반응을 보이는 건 다음 중 무엇입니까?
> A. 움직임
> B. 보이는 것
> C. 소리
>
> **Q4.** Q1~Q3에서 A, B, C 중 가장 많이 나온 답은 무엇인가요?

A가 많다 　몸을 움직이는 일, 상황별 분위기에 민감한 아이입니다. 도감이나 지도를 볼 때 몸짓을 크게 해서 아이의 관심을 끌어보세요. 설명을 보면서 "이렇게 움직이는 거구나" 하며 몸짓을 더하거나 울음소리를 흉내 내보세요. 지도를 본다면 "여기서 여기까지 쭈욱!" 하고 손가락으로 훑어주세요. 페이지를 넘길 때 "짜자잔!" 하고 효과음을 곁들이는 것도 좋습니다.

　사전 역시 "한 번에 펼쳐 '행복'이라는 단어가 있는 페이지를 맞춰보자"라고 말하며 감으로 목적하는 페이지를 맞추는 게임을 하는 등 움직임을 도입하면 아이도 즐거워합니다.

B가 많다 　시각적 자료에 반응하는 아이입니다. 글자로 장황하게 설명하는 것보다 시각적으로 인상적인 것들을 접하게 하면 좋습니다.

　이런 아이들은 사진이 아름답거나 색감이 뛰어난 책을 선호합니다. 그래프나 표로 깔끔하게 정리되어 있는 책도 좋습니다. 사전을 찾아볼 때도 웹 서핑을 병행해 실물의 사진이나 일러스트를 보여주면 효과적입니다. 지도책을 보면서 직접 그려보면 지형을 금세 기억하는 아이가 이런 유형에 많습니다.

C가 많다 <u>언어 감각이 뛰어난 아이입니다.</u> 사물의 이름에 대한 흥미도 깊기 때문에 도감을 함께 볼 때는 "이건 새앙토끼래. 햄스터같이 생겼는데 왜 토끼라고 할까?"라고 말하며 화제를 이끌면 좋은 반응을 얻을 수 있습니다. 식물도감을 보던 아이가 이게 무엇이냐고 물을 때는 "글쎄, 장미 아닐까?"로 끝내지 말고 바른 명칭을 찾아서 알려주면 좋습니다. 이런 아이는 연령이 높아질수록 문자를 읽는 것을 좋아하는 경우가 많기 때문에 사진과 일러스트, 이름뿐만 아니라 정보란도 함께 읽어주는 게 좋습니다.

여담용 질문

> Q. 아이가 재미있을 때 어떤 식으로 웃나요?
> 가. "와하하!" 하고 크게 입을 벌린 채 온몸으로 웃는다.
> 나. "후훗!" 혹은 키득거리며 혼자 웃는다.
> 다. 주변을 둘러본 후 기쁜 듯 웃는다.

'가'에 속하는 아이는 주변 사람과 하나가 되어 노는 걸 좋아합니다. 거실에서 도감을 이용한 놀이를 할 때도 수다를 떨면서 아이와 함께 즐기는 게 좋겠군요.

'나'에 속하는 아이는 자기만의 세계를 가진 아이입니다. 혼자 책을 펼치는 경우도 자주 있을 겁니다. 아이가 즐거워 보인다면 그대로 두세요. 혼자만의 세계를 가지는 것도 좋은 일입니다.

'다'에 속하는 아이는 자기감정에 아직 확신을 가지지 못했을 수도 있습니다. 주변의 반응을 보고 자기가 느낀 감정에 대해 안심하고 싶어 하는 심리가 느껴집니다. 부모가 아이와 눈을 맞추고 방긋 웃는 얼굴을 보여주세요. 적극적으로 즐기기 시작할 겁니다.

'좋다'는 감정을
한껏 키우는 게
중요하다

-
-
-

잘하고 못하고를 논하기 전에 기억해야 할 것

벌써 이 책도 막바지에 이르렀군요. 제가 마지막으로 전하고 싶은 말이 있습니다. 부디 아이의 '좋아'라는 감탄의 순간을 소중히 여겨달라는 것입니다.

제 교실에는 아이의 성적을 고민하다가 찾아오는 부모들이 많습니다. 그리고 그분들 대부분은 아이가 잘 못하는 일, 특기가 아닌 분야를 두고 "아이가 흥미를 못 느끼는데 어쩌면 좋을까요?"라고 호소합니다. 그럴 때 저는 늘 반대로 묻습니다.

"아이가 좋아하는 건 무엇인가요?"

좋아하는 것이야말로 아이의 돌파구가 되기 때문입니다.

예를 들어 국어가 서툴러 고민이라는 남자아이가 만화영화를 좋아한다면 그게 바로 돌파구가 됩니다. 좋아하는 만화영화가 어떤 스토리인지, 등장인물은 어떤 성격인지, 특히 좋아하는 인물은 누구인지 등을 아이에게 물어봅니다. 아이가 수용하기 쉬운 세계가 어떤 형태인지를 알면 국어 공부에서 다루는 문장도 그것에 맞춰 소개해주면 될 테니까요.

산수가 서투른 여자아이가 요리를 좋아한다면 그 점이 돌파구가 됩니다. 제과는 분량을 정확하게 재지 않으면 안 되지요. 계량컵, 주방용 저울, 큰술과 작은술을 구분하는 건 숫자와 친해질 수 있는 기회가 됩니다. 레시피를 생각할 때는 그릇에 담긴 이미지를 상상하는 법인데 플레이팅에는 원, 사각형, 삼각형, 원뿔 등의 다양한 도형이 등장합니다. 아이가 좋아하는 요리에서 수학적 요소들을 찾아낸 다음 아이가 그것을 친근하게 느끼도록 관여하면 됩니다.

좋아하는 일이라면 몰두하게 되어 있다

게으른 사람은 노력하는 사람을 이길 수 없고, 노력하는 사람은 즐기는 사람을 이길 수 없다는 말이 있지요. 아이는 마음이 움직이지 않으면 머리도 움직이지 않습니다. 그런 점에서 아이가 '뭘 잘하고 못하고'를 가리기 전에 아이가 '뭘 좋아하는가'를 먼저 알아두셨으면 합니다.

<u>부모는 종종 아이의 '좋아'를 무시하고 자신이 시키고 싶은 일을 아이에게 강요하곤 합니다. 하지만 억지로 밀어붙이다가는 거부감만 키울 뿐입니다. '좋아'가 원동력이 되면 아이는 놀라울 정도로 스스로 척척 하게 됩니다.</u>

'좋아'의 알맹이가 무엇이든 상관없습니다. TV, 만화, 게임의 캐릭터라도 말입니다. '그런 걸 좋아하다니!', '좀 더 고상한 취향이면 좋을 텐데'와 같은 생각은 할 필요도 없습니다. 어떤 것을 좋아하든 그것에서부터 학습 의욕이 솟아나는 경우가 얼마든지 있습니다. 그리고 '좋아'를 인정받은 아이의 안에는 긍정적인 사고방식이 안착합니다.

사람은 성장 과정에서 수없이 많은 벽에 부딪힙니다. 하지만 '나는 할 수 있어!'와 같은 자신감이 있으면 얼마든지 앞으로 나아갈 수 있습니다. 아이의 그런 자신감은 부모에게 인정받았다는 성취감과 만족감에 기반을 두고 있습니다. 그러니 아이의 '좋아'를 귀히 여겨주세요. 아이가 자신의 '좋아'를 크게 펼치도록 도와주세요. 그것이야말로 이 세상에서 가장 가치 있는 교육입니다.

특별부록

놓아두기만 해도 똑똑해지는
도감·지도·사전 리스트
by 책쟁이엄마

2017년 11월 온라인교보문고 기준 도서 정보입니다.
해당 출판사들의 사정에 의해 도서 정보는 변동이 있을 수 있습니다.

도감 리스트

도감과 친해지기 0단계 : 그림책 같은 도감들

도감도 낯설고 책도 낯선 아이들을 위한 책입니다. 아이가 놀잇감처럼 느끼게끔 책으로 놀아주세요.

- **아기멧돼지의 신나는 숫자 모험**
  버디 블랙 지음, 로절린드 비어드쇼 그림, 박신영 옮김 / 사파리 / 2017 / 14,000원
  호기심 많은 귀여운 아기멧돼지와 함께 모험하며 1에서 10까지의 수를 익힐 수 있는 그림책입니다. 귀여운 아기 멧돼지를 따라 책장을 하나씩 넘길 때마다 다양한 동물과 물건을 만날 수 있고, 만나는 동물과 물건을 아이 스스로 세어보며 1에서 10까지 수 개념을 익힐 수 있지요. 동물과 물건의 개수가 하나씩 많아지기 때문에 기초 연산인 '더하기'에 대한 개념도 자연스레 인지할 수 있습니다. 더불어 동물과 사물의 이름도 자연스레 접할 수 있어요.

- **곤충친구 1 2 3**
  김경미 지음 / 웅진주니어 / 2006 / 7,500원
  세밀한 유화 속에 숨은 곤충들을 하나하나 찾으며 관찰력을 키우고 1부터 10까지 숫자도 익힐 수 있습니다. 마지막 장에는 밤하늘에 셀 수 없이 많은 반딧불이들이 빛나고 있어요.
  - **흥미 포인트**: 숫자 책을 보면서 '1은 랄랄라 하나이구요~~ 2는 랄랄라 둘이구요~~' 노래를 부르며 아이와 함께 숫자를 익혀요. 저희 둘째는 아기 때 노래와 숫자를 함께 배우더니 한동안 자동차 번호판을 봐도, 목욕탕 사물함을 봐도 숫자를 세어야만 할 만큼 숫자에 푹 빠져 지냈어요.

- ### 10 곱하기 10
  에르베 튈레 지음, 최윤정 옮김 / 바람의아이들 / 2009 / 9,000원
  기발한 접근으로 숫자를 배우는 그림책입니다. 단순히 숫자를 하나씩 늘려가며 수 세기를 익히는 것이 아니라 독특한 방법과 감각적인 그림으로 숫자에 대한 관심을 유발합니다. 0부터 10까지는 숫자, 11부터 20까지는 손, 21부터 30까지는 색깔 등 10씩 세기 위해 갖가지 소재를 이용한 점도 재치 넘칩니다.

- ### 세밀화로 그린 보리 아기그림책
  보리 편집부 지음 / 보리 / 2008 / 3권 16,500원
  우리나라에서 볼 수 있는 과일, 채소, 동물, 곤충의 모습을 살아 있는 느낌이 드는 세밀화로 보여줍니다. 그림책이면서 완성된 이야기 구조를 가지고 있고 만 1~2세에게 적절한 단어와 문장이 리듬감이 있습니다. 1권은 《어디 숨었지 (우리가 먹는 곡식)》, 2권은 《나도 태워줘 (집에서 기르는 동물)》, 3권은 《이것 좀 봐 (들판에 사는 벌레)》로 구성되어 있습니다.
  - **흥미 포인트:** 제 아이들도 아기 때 하드보드지인 책의 가장자리가 너덜너덜해질 정도로 봤던 책이에요. 풍부한 의성어, 의태어는 들려주기 좋아서 아이들이 말을 배울 때도 좋습니다.

- ### 아삭아삭 과일
  삼성출판사 편집부 지음, 나탈리 슈 그림 / 삼성출판사 / 2016 / 9,800원
  만 0세 아이도 직접 손가락을 움직이며 놀이하듯 배울 수 있는 입체 조작 북입니다. 맛있는 과일의 이름을 배우는 것은 물론, 직접 손가락으로 밀고 당기며 놀이하는 동안 과일의 특징을 더 잘 이해하고 기억하게 됩니다.

- ### 채소가 좋아
  이린하애 지음, 조은영 그림 / 길벗어린이 / 2016 / 9,000원
  여러 채소가 자라나는 모습을 볼 수 있는 그림책입니다. 땅속에서 자라나는 당근, 뜯어 먹는 상추 등 채소들이 어떻게 자라나고 어떻게 채취되는지 알 수 있습니다. 반복되는 문장에서 리듬감을 느낄 수 있고, 그림은 채소의 싱싱함을 잘 담아냈습니다.
  - **흥미 포인트:** 그림책에 있는 채소와 냉장고 속 채소를 비교하면서 '무엇이 무엇이 똑같을까 ~~' 노래를 부르며 짝을 맞추고 직접 만져볼 수 있게 해주세요.

- **뱀이 색깔을 낳았어요**
  도다 고시로 지음, 김장호 옮김 / 다빈치기프트 / 2004 / 7,500원
  색의 조합을 알 수 있고, 색채 감각을 길러주는 그림책입니다. 빨강, 파랑, 노랑이라는 3원색이 있고, 빨강과 노랑을 섞으면 오렌지, 빨강과 파랑을 섞으면 보라가 된다는 사실을 이야기로 쉽게 풀었습니다.
  - **흥미 포인트:** 아이들과 함께 물감놀이를 하며 색을 섞어보세요. 책에서 본 것처럼 색이 변하는 모습을 직접 보면 더욱 재미있어 할 거예요. 여러 색을 섞어 다양한 색깔로 그림을 그린다면 더욱 풍성한 그림이 된답니다.

- **머리가 좋아지는 숨바꼭질: 동물 100**
  세베 마사유키 지음, 고향옥 옮김 / 비룡소 / 2012 / 13,000원
  아이들의 창의력을 쑥쑥 키워주는 놀이책으로 커다란 판형에 오밀조밀 작은 그림들이 가득 차 있어 하나하나 살펴보면 더욱 재미있습니다. 하나 둘부터 100까지 숫자를 세어보는 숫자 그림책으로, 사물을 가리키며 명칭을 익히는 사물 그림책으로 다양하게 즐길 수 있습니다.

- **네가 개미니?**
  주디 앨런 지음, 튜더 험프리스 그림, 신혜정 옮김 / 다섯수레 / 2003 / 7,000원
  개미에 대한 과학적 지식을 알기 쉽게 쓴 그림책입니다. 개미의 짝짓기, 알에서 개미로 변하는 과정, 먹이, 하는 일 등에 대해 쉬운 말로 설명합니다. 개미의 한살이와 일개미로서 생활하기 등 개미에 대한 지식들이 가득합니다. 더불어 개미와 사람의 차이점을 짚어서 사람도 자연의 한 부분임을 절실히 느끼게 합니다. 시리즈로 《네가 벌이니?》, 《네가 달팽이니?》, 《네가 잠자리니?》, 《네가 무당벌레니?》도 있습니다.

- **브레인 쑥쑥 동물도감 카드**
  이야기공방 기획·구성 / 학은미디어 / 2015 / 12,000원
  생생한 실물 사진으로 관찰력과 탐구력을 기르는 동물도감 겸 이중언어 낱말 카드입니다. 앞면에는 어린이들이 좋아하는 사자, 기린, 캥거루, 판다, 돌고래, 고양이, 호랑이, 낙타, 코끼리, 펭귄, 타조, 금붕어, 독수리 등의 동물 사진을, 뒷면에는 그에 대한 한글과 영어 이름을 수록해 어린이가 재미있게 언어를 습득할 수 있도록 구성했습니다. 또한 동물의 생김새와 특이한 습성을 어린이의 눈높이에 맞춰 쉽고 재미있게 설명해 관찰력과 탐구력을 기르고, 부모님과 함께 즐거운 대화 시간을 가질 수 있습니다
  - **흥미 포인트:** 동물카드를 가지고는 아이와 함께 말없이 동작만으로 카드에 있는 동물 알아맞히기 놀이를 할 수도 있고 수수께끼, 스무고개놀이 등 다양하게 활용할 수 있어요. 특히 차로 이동시 차가 막힐 때 사용하면 지루한 시간을 즐겁게 해주지요.

- **앞 옆 뒤**
  스즈키 마모루 지음 / 뜨인돌어린이 / 2013 / 11,000원
  유아들은 만지고, 듣고, 움직이는 것을 좋아하기 때문에 공간 능력과 지각 능력이 더 빨리 발달한다고 합니다. 귀여운 그림의 이 책은 공간과 지각 능력을 키워줍니다. 책장을 넘기면 깜찍한 고양이 한 마리가 앞모습, 옆모습, 뒷모습을 보여줍니다. 유아들은 고양이가 방향에 따라 다르게 보이는 것을 신기해하지요. 이렇게 방향에 따라서 보이는 모습이 다르다는 걸 알게 된 아이들은 여러 각도에서 사물을 보며 미처 보지 못했던 새로운 것들을 발견하게 될 것입니다.

- **누구 얼굴?**
  김정희 지음, 김유대 그림 / 사계절 / 2016 / 11,000원
  아가들을 위한 표정 놀이 그림책입니다. 가족과 눈을 맞추고 점차 세상과 익숙해지면서 아기들이 가장 먼저 관심을 갖는 것 가운데 하나가 얼굴이지요. 동물들의 얼굴도 알아가고 익살스러운 표정도 따라하며 즐거운 시간을 보내세요.

- **누구 코와 발일까요?**
  존 버틀러 지음 / 그린북 / 2008 / 8,500원
  세밀화로 찬찬하게 그린 아기 그림책입니다. 책장 끝에 동물의 코와 발을 살짝 걸쳐서 보여주며 "누구 코와 발일까요?" 묻습니다. 그리고 한 장 넘기면 어떤 동물의 코와 발인지 알려주지요. 눈앞에 있는 듯 생생한 그림이 따스한 느낌을 줍니다.

- **누구 엉덩이?**
  김정희 지음, 김유대 그림 / 사계절 / 2016 / 11,000원
  아가들을 위한 다양한 신체 놀이 그림책입니다. 아이들이 좋아하는 엉덩이를 여러 동물을 통해 재미나게 보여줍니다. 몸에 대한 관심이 커지고 몸 놀이에 익숙해진 아이와 함께 그림책을 읽으며 재미난 신체 놀이를 해볼 수 있습니다. 책을 읽으며 엉덩이를 실룩실룩 해보기도 하고, 엉덩이를 찾아 톡톡 때려보기도 하고, 뒤에서 앞으로 돌아서며 까꿍놀이도 할 수 있습니다. 인지와 더불어 놀이까지 할 수 있는 재미있는 그림책입니다.

- **발발발**
  우치야마 아키라 지음, 햇살과 나무꾼 옮김, 황보연 감수 / 한솔교육 / 2005 / 절판
  크고 생생한 사진으로 여러 동물들의 발을 살펴볼 수 있는 과학 그림책입니다. 책 중간에 실린 실제 크기와 똑같은 사진이 돋보입니다. 절판되어 시중 서점에서 구할 수는 없지만 도서관에서 빌리거나 중고로 구입할 수 있으니 아이에게 꼭 보여주세요.

- **동물의 손과 발**
  가와이 마사오 지음, 야부우치 마사유키 그림 / 진선출판사 / 2006 / 절판
  동물들에 대한 퀴즈를 풀며 포유류 동물에 대한 지식을 얻고 다양한 포유류 동물들의 손과 발의 쓰임새를 알려줍니다. 그림은 박쥐, 말, 사슴, 코뿔소, 곰, 개미핥기, 바다표범 등 많은 동물들의 손과 발 모습을 특징을 잘 잡아냈습니다. 또한 다른 포유류 동물들에게는 앞발, 뒷발로 쓰이는 개념이 사람에게는 어떻게 손과 발로 구별되어 쓰이는지 살펴봅니다. 유인원을 거쳐 사람의 손과 발 구조, 특징을 따져보며 유인원과 사람의 공통점도 알 수 있지요.

- **누구일까? 동물 친구**
  김현좌 · 마야 지음, 일냄 기획 및 구성 / 이룸아이 / 2017 / 13,000원
  쉽고 재미있는 동물 이야기를 통해 동물의 생태를 알려주고 호기심과 관찰력, 상상력, 표현력을 키워주는 자연관찰 놀이책입니다. 아이들의 눈높이에 맞춰 다양한 힌트와 퀴즈 놀이로 흥미롭게 구성했습니다. 다양한 힌트를 활용해 어떤 동물일지 유추하고 연상하는 과정이 스스로 사고하는 두뇌를 깨우고, 관심 있는 동물의 모습을 관찰하며 집중력과 표현력이 쑥쑥 자라납니다.

도감과 친해지기 1단계 : 익숙해지기

도감에 입문하려는 아이나, 도감에 눈길 한번 주지 않는 아이들의 관심을 도감으로 돌리려면 우선 아이가 재미있다고 느낄 수 있는 책인지 아닌지를 알아야 합니다. 그림책을 읽듯 편하게 즐기면서 읽을 수 있는 자연과학 계통의 도서를 소개합니다.

- **어느 날 갑자기 찾아온 동물을 제대로 키우는 방법**
  마츠하시 도모미츠 지음, 조신일 감수, 허영은 옮김 / 봄나무 / 2017 / 12,000원
  교과서에 나오는 곤충, 애완동물 전문점에서 만날 수 있는 파충류, 시장에서 볼 수 있는 조개와 갑각류 등 다양한 동물들의 성격과 좋아하는 먹이, 키우기 적절한 온도, 꼭 필요한 도구까지 모두 담겨 있어 동물에 대한 호기심이 가득했던 아이들은 물론, 동물이 무서워 가까이 가지 못했던 아이들까지도 재미있게 볼 수 있습니다.
  - **흥미 포인트:** 평소 동물을 키우고 싶어 했지만 부모님의 반대로 키우지 못했다면 책을 함께 읽어보고 상대적으로 키우기 번거롭지 않은 동물 중에 아이와 함께 선택해서 키워보셔도 좋을 것 같아요. 아이에게 "이 중에서 어떤 동물을 키우고 싶어?" 하고 물어봐주세요.

- **사람이 뭐야?**
  최승필 지음, 한지혜 그림, 김신연 감수 / 창비 / 2015 / 11,000원
  사람의 생물학적 기원과 진화를 주제로 인간을 인간답게 만드는 특징 여덟 가지를 골라 설명합니다. 작가의 아들이 던진 "사람이 뭐야?"라는 질문에 답을 찾아 풀어놓은 글인 만큼 이해하기 까다로운 내용을 아이 눈높이에 맞춰 설명한 것이 장점입니다. 아빠가 아이의 성장 앨범을 보며 사람의 특징을 짚어보고 이야기를 들려주는 방식으로, 현재와 과거를 오가며 인간 진화의 단계를 흥미롭게 서술하지요. 대상의 특징을 세밀하게 묘사한 그림 덕분에 저학년 아이들부터 쉽게 이해할 수 있어요.

- **우리의 몸**
  미셸 롱구르 지음, 루시 뒤르비아노 외 그림, 장석훈 옮김 / 아이세움 / 2001 / 12,000원
  딱딱하다고 생각하기 쉬운 과학적 지식을 이렇게 재미있게 알려준다면 많은 어린이들이 너도나도 과학을 제일 재미있는 과목으로 손꼽을 수 있을 것 같네요. 우리 몸에 대해 충분한 설명을 하면서도 어린이들을 하나도 지루하게 않게 하는 장치들이 호기심과 흥미를 한껏 불러일으키고 있습니다. 출판된 지는 좀 오래 되었지만 어린이들이 직접 들춰보고 이리저리 그림을 돌려보며 장난감처럼 재미있게 보고 놀 수 있어 추천합니다. 무언가 자신이 해볼 것이 가득해 자꾸자꾸 흥미로운 사실들이 드러나게 되는 책의 짜임이 신나는 우리 몸 여행을 이끌어주고 있습니다.

• **흥미 포인트**: "가슴에 손을 얹고 심장이 뛰는 걸 느껴볼까?", "엄마 심장과 네 심장 중에서 누가 더 빨리 뛰나 볼까?" 하며 재미있게 이야기 나눠요.

● 요리조리 열어 보는 우리 몸
어스본코리아 편집부 지음 / 어스본코리아 / 2016 / 13,000원

뼈와 근육, 피와 살, 뇌와 감각까지 우리 몸의 각 기관과 구조, 기능에 대한 지식을 담고 있어요. '왜 감기에 걸리면 냄새를 잘 맡지 못 할까?', '똥은 어떻게 만들어질까?', '왜 빙빙 돌면 어지러울까?' 등 주제마다 담긴 재미난 질문이 아이들의 지적 호기심을 자극하지요. 우리 몸속 기관, 혈관, 뼈, 근육, 뇌 등을 상세하게 재현한 플랩은 우리 몸이 움직이는 원리와 과정을 시각화해 쉽게 전달해주지요.

● 신통방통 오! 감각
마이크 골드스미스 지음, 사이먼 애보트 그림, 이강환 옮김 / 아이즐 / 2012 / 19,800원

우리 몸이 느낄 수 있는 다섯 가지 감각에 대해 알아보는 입체 팝업북입니다. 책을 펼치면 신기한 착시 그림도 볼 수 있고, 회전판을 돌리면 눈동자의 크기가 커졌다 작아졌다 해요. 플랩을 들춰보며 숨어 있는 정보도 익히고 퀴즈도 풀어보세요.

● 동물은 뼈부터 다르다고요?
노정임 지음, 안경자 그림, 이정모 감수 / 현암주니어 / 2016 / 12,000원

동물들을 비교하며 분류하는 방법을 알려줍니다. 척추동물과 무척추동물, 항온동물과 변온동물의 개념을 쉽게 알 수 있습니다. 또 이 기준으로 동물을 분류할 수 있지요. 책의 마지막에는 더 알아두면 좋을 지식을 정리해 알려줍니다. 저학년 아이들이 읽기에 쉽게 동물들을 분류하는 법을 알려주는 그림책입니다.

● 아프지 않고 다치지 않게 동물을 제대로 잡는 방법
마츠하시 도모미츠 지음, 허영은 옮김, 조신일 감수 / 봄나무 / 2017 / 12,000원

동물을 좋아하는 어린이들이라면 '어디를 어떻게 잡아야 할까?' 하고 한 번쯤 생각해 본 고민에 명확한 답변을 줍니다. 우리 주변에서 흔히 볼 수 있는 동물을 비롯해 이색 애완동물과 파충류까지 다양한 동물을 제대로 잡는 방법을 알려줍니다. 평소 동물에 대한 호기심이 가득했던 아이들은 물론, 동물이 무서워 가까이 가지 못했던 아이들까지도 재미있게 볼 만한 지식 정보서입니다.

- **나를 찾아봐: 보호색**

  모니카 랑에 지음, 슈테펜 발렌토비츠 그림, 조국현 옮김 / 시공주니어 / 2017 / 11,500원

  동물들은 생존을 위해 주변의 사물과 비슷한 색깔과 모양으로 자신의 존재를 숨깁니다. 이 책을 통해 어떤 동물들은 잡아먹히지 않기 위해, 또 어떤 동물들은 몰래 잡아먹기 위해 그렇게 한다고 말해요. 여러 동물들의 다양한 보호색을 배우면서 동물들의 생태도 익힐 수 있어요. 접은 종이를 펼치면 더 많은 생태 지식이 들어 있으며, 아이들에게 퀴즈를 내고 생각해본 다음에 답을 볼 수 있기 때문에 추리력과 상상력도 기를 수 있습니다.

  - **흥미 포인트**: 책을 보며 감쪽같이 숨어 있는 동물들처럼 우리도 숨바꼭질 놀이를 하자고 해보세요. 그리고 아이에게 "너라면 어떻게 숨고 싶어?", "어떤 능력이 있으면 좋을까?" 하고 말 걸어보세요.

- **여름이네 병아리 부화 일기**

  최덕규 지음 / 창비 / 2016 / 12,000원

  마트에서 산 유정란을 부화시키는 아빠와 아들의 이야기입니다. 온도를 맞추고, 지속적으로 눈길을 주는 과정이 담긴 글에서 생명의 소중함을 느끼게 됩니다. 부화를 시키고 병아리가 닭으로 커가는 과정까지 체험이 진솔하게 담겼습니다. 또 알, 생명에 대해서, 동물마다 알을 지키는 방법 등 관련 정보도 알차게 담겨 있습니다. 마트에서 파는 달걀에 생명이 있다고 느끼기는 어렵지요. 생명에 대한 소중함과 생태계, 식생활까지 여러 문제를 깊이 있게 생각하도록 이끄는 책입니다.

- **수명 도감**

  이로하 편집부 엮음, 야마구치 카오리 그림, 박현미 옮김 / 봄나무 / 2017 / 20,000원

  동물과 식물, 곤충은 물론 음식물과 기계, 건축물에서 천체에 이르는 이 세상 만물의 '수명'을 12개의 범주로 나눠 꼼꼼하게 알려줍니다. 깨알 같은 설명과 귀여운 그림으로 우리 주변 모든 것의 수명과 그와 관련된 삶과 죽음의 이야기를 들려줍니다.

- **숲에서 놀자, 나무 한살이 생태도감**

  오장근·명현호 지음 / 가람누리 / 2017 / 22,000원

  주변에서 쉽게 볼 수 있는 174종의 나무들이 실려 있습니다. 각각의 나무들에 대해서는 기본 정보를 비롯해 관련 정보와 전문 지식을 최대한 담았습니다. 게다가 나무의 한자어 명칭 앞에 순우리말 표기를 하고, 식물 용어에 대해서도 한자어보다는 가능한 우리말 표기를 채택했습니다. 부록으로 식물의 구조에 관한 기초 지식을 간단한 삽화와 함께 소개하고, 가나다순으로 구성된 용어 해설도 함께 실었습니다.

- **어디에서 왔을까? 과일의 비밀**
  모리구치 미쓰루 지음, 이진원 옮김, 현진오 감수 / 봄나무 / 2016 / 12,000원
  '어디에서 왔을까?' 시리즈는 우리 식탁 위에 오른 다양한 먹을거리의 한살이를 세밀한 그림으로 보여주는 그림책입니다. 꽃, 풀, 곤충 같은 생물을 단편적으로 설명해주는 기존의 자연도감과는 다르게 사과, 딸기, 쌀과 보리, 콩, 생선 뼈 등 아이들이 주변에서 쉽게 볼 수 있는 것들의 생김새와 그들의 번식 방법, 살아온 환경까지 두루 담은 새로운 형식의 생태 그림책 시리즈입니다. 또 다른 시리즈에는 맛있는 진화의 비밀, 곡식의 지혜, 채소의 식물학, 밥상 위 뼈 탐험이 있습니다.

- **숫자로 보는 놀라운 동물의 세계**
  롤라 M. 섀퍼 지음, 크리스토퍼 사일러스 닐 그림, 서소영 옮김 / 키즈엠 / 2014 / 11,000원
  '기린의 얼룩무늬는 몇 개일까?', '수컷 해마는 평생 몇 마리의 아기를 주머니에서 기를까?' 등 생물의 일생에 숨겨진 숫자의 신비를 재미있게 읽을 수 있습니다.

- **생태 도감 그림책**
  마에다 마유미 지음, 이진원 옮김 / 이비락 / 2014 / 13,000원
  사람이 기르는 동물, 산과 들에 사는 동물, 사람들이 기르는 새, 주변에서 쉽게 볼 수 있는 새, 주변에서 쉽게 볼 수 있는 생물, 주변의 친근한 곤충, 그 밖에 집 주변에서 사는 생물 등의 테마로 총 152종의 동물들이 살아가는 모습을 저자가 직접 그린 그림으로 담은 책이에요. 몸의 특징, 좋아하는 먹이, 그들만이 보여주는 소소한 습성들과 사람들에게 주는 유익함과 아울러 비슷한 동물친구들도 함께 소개하고 있습니다.
  - **흥미 포인트:** 31쪽의 경우 "너구리와 오소리는 언뜻 보면 비슷하지만 이렇게 다르구나" 하며 이야기 나눠요.

- **미로 탐험: 공룡과 인류의 진화**
  겐타로 카가와 지음, 이은성 옮김 / 문공사 / 2010 / 9,500원
  생명이 탄생한 시대부터 고생대, 중생대, 신생대에 걸친 생명의 발달 과정을 큰 안목으로 볼 수 있게 시대별로 나눠놓았으며, 각 시대별로 살았던 동식물을 중심으로 공룡과 인류의 진화까지 두루 공부할 수 있습니다. 미로 속에 숨어 있는 그림과 미로를 찾다 보면 어느새 공룡과 인류의 진화에 대한 지식을 쌓는 알찬 기회가 될 것입니다.

- **우리 아이 뼈를 튼튼하게 만드는 우유와 치즈**
  수잔 마르티네 지음, 헬 제임스 그림, 유윤한 옮김 / 베틀북 / 2009 / 8,000원
  '완전식품'이라고 불리는 우유, 우유만큼 영양소가 풍부한 치즈에 대한 정보가 풍부하게 들어 있습니다. 우유가 만들어지는 과정, 다양한 우유의 종류, 우유를 가공해 만든 크림과 요구르트, 버터, 치즈에 대한 재미있는 이야기가 가득합니다.

• **흥미 포인트:** 우유에 관한 책을 읽고 나서 아이들과 간단한 요리를 해보세요. 생크림을 사서 거품기로 저어주면 주르르 흐르던 생크림이 쫀쫀해지지요. 아이들과 번갈아가며 저어서 크림을 만들고 제과점에서 큼지막한 카스텔라를 사서 아이들과 직접 케이크를 만들어보세요. 각자 좋아하는 과일로 생크림 위에 그림 그리듯이 장식한 케이크는 더욱 맛있답니다.

● **손에 잡히는 과학 교과서: 여러 가지 물질**
강현옥 지음, 허현경 그림 / 길벗스쿨 / 2008 / 9,800원

화학 분야를 주제로 우리 주위의 물질과 여러 물질의 성질에 대해 알아봅니다. 고대 철학자들이 주장한 만물의 근원을 시작으로 여러 가지 가루, 혼합물, 액체 이야기, 신비로운 용액, 기체, 연소와 소화까지 과학 개념을 보다 정확하고 흥미롭게 파악하도록 도와줍니다. 체계 있게 정확한 내용을 전달하면서도 이야기를 들려주듯이 정겨운 문체로 쉽게 써내려갔습니다. '손에 잡히는 과학 교과서' 시리즈는 초등학교 교과서에 조각조각 흩어져 있는 과학 지식을 하나로 연결해 지식의 체계를 잡았습니다. 내용을 생물, 지구과학, 물리, 화학의 네 분야로 나누어 정리하고 그것을 다시 동물, 식물, 전기와 자기, 우주, 지구 등 큰 주제별로 묶어 큰 흐름 안에서 쉽게 이해할 수 있습니다.

• **흥미 포인트:** 107쪽의 경우 양배추 지시약을 함께 만들어서 실험해보세요. 아이는 물론이고 저도 신기하고 놀라워했던 기억이 있어요.

● **어린이 자동차 교실**
안드레아 에르네 지음, 볼프강 메츠거 그림, 최진호 옮김 / 크레용하우스 / 2017 / 15,000원

자동차의 구조와 작동 원리, 제작 과정 등에 관한 정보는 물론이고 자동차의 종류에는 어떤 것이 있고 자동차를 운전하려면 어떻게 해야 하는지 등 자동차에 대한 다양한 정보를 정확하고 정감 있는 그림으로 알려줍니다. 요소요소에 플랩이 있어 아이들이 들춰보며 즐겁게 알아갈 수 있습니다.

● **나의 첫 우주 그림책**
테즈카 아케미 · 무라타 히로코 지음, 테즈카 아케미 그림, 김언수 옮김 / 사계절 / 2011 / 10,800원

'우주란 뭘까?'라는 소박한 의문에 답해주는 책입니다. 지구와 달, 태양계의 관계 등을 귀여운 일러스트와 쉬운 말로 알기 쉽게 풀었습니다. 유아와 초등학교 저학년 아이들을 위한 맞춤형 우주과학책입니다. 천체, 운석, 은하수, 별, 혜성, 허블우주망원경, 국제우주 정거장, 인공위성 등 현대 우주과학이 다루는 폭넓은 내용을 아이들의 눈높이에 맞춰 쉽게 비유하고, 어렵고 낯선 우주과학을 친근하게 설명합니다.

- **별별 별난 우주 이야기**
  닐 레이튼 지음, 손미선 옮김 / 문학동네어린이 / 2006 / 절판
  빅뱅부터 현재까지 지구와 생명의 기원과 역사를 한눈에 보여주는 팝업북입니다. 책장을 넘기면서 빅뱅의 소용돌이 속에서 별과 태양계의 행성들이 생겨나는 과정과 원리, 최초의 세포가 어류에서 양서류, 포유류로 진화하는 과정을 차근차근 알 수 있습니다. 펼쳐지는 팝업을 눈으로 보기만 하는 게 아니라 진화사의 중요한 대목마다 직접 손을 움직여 정보를 얻도록 구성되어 있어 더욱더 실감나게 배울 수 있습니다
  - **흥미 포인트**: 지역마다 천체관을 운영하니 홈페이지에서 예약 후 관람을 하세요. 책에서 본 별자리나 행성을 과학관의 커다란 천체투영관에서 보면 더욱 신나지요. 별자리를 이해할 다음에는 "별자리는 신화와 관련이 많구나. 우리 신화도 읽어볼까?" 하며 자연스럽게 신화에 관심을 갖도록 유도해주세요. 인문학으로 흥미 범위를 넓힐 수 있지요.

- **바닷속 세계**
  리처드 퍼거슨 지음 / 애플비 / 2007 / 13,500원
  하늘하늘 해파리가 떠다니고, 알록달록 에인젤피시가 헤엄치는 푸른 바닷속을 소개합니다. 페이지마다 들어 있는 생동감 넘치는 사진 팝업으로 여러 바닷속 생물들을 만나고, 당기면 나타나는 알찬 정보 카드로 바닷속 동물 박사가 될 수 있어요.

- **보여줘, 궁금한 바닷속**
  케이트 데이비스 지음, 콜린 킹 그림, 이충호 옮김 / 시공주니어 / 2013 / 13,000원
  바닷속은 어떤 모습일지 궁금하다고요? 책장을 넘길 때마다 여러 바닷속 풍경이 눈앞에 펼쳐집니다. 재미있고 흥미로운 그림들 속에 쏙쏙 숨겨져 있는 플랩까지, 플랩을 펼치면 그 안에 또 다른 지식 정보가 가득해 찾아보는 즐거움이 있는 지식정보 그림책입니다. 40억 년 전 생명이 태어난 곳인 바다를 시작으로 밖에서 바라본 바다 모습, 바다 밑에 숨겨져 있는 자원, 가지각색 바다 생명이 살고 있는 열대 바다와 북극해, 깊은 바닷속에 사는 동물들까지 바다에 대한 다양한 정보가 알차게 담겨 있습니다.

- **뼈뼈 수족관**
  마쓰다 모토코 지음, 오니시 나루아키 사진, 정숙경 옮김, 김웅서 감수 / 시공주니어 / 2012 / 9,000원
  물에 사는 생명체들의 뼈를 살펴보며 그들의 특징을 알아갑니다. 바다와 강에 서식하는 물고기에게도 뼈가 있을까요? 심지어 물고기는 모든 생명체 가운데 뼈를 가장 많이 가지고 있다고 합니다. 물고기를 비롯해 고래, 듀공, 해달 등 물속 생명체들의 뼈를 샅샅이 찾아봅니다. 뿐만 아니라 평소 잘 알지 못했던 해삼, 해마, 비너스의 꽃바구니 등 신기한 바다 생명체의 뼈들도 살펴보며 그들의 특징을 이해합니다. 다양한 바다 생명체의 뼈를 통해 생명의 신비로움과 동시에 바다 생물들의 생태계를 배워봅니다.

- **라루스 바다백과**

  라루스 편집구성, 로낭 바델 외 그림, 박상은 옮김 / 문공사 / 2006 / 9,500원

  쉬운 설명과 상세한 그림으로 사랑받는 '라루스 백과' 시리즈의 여섯 번째 책입니다. 바다와 관련된 작은 제목마다 주요 내용을 알려주고 그 옆에는 동식물이 살아가는 이야기, 생태계가 만들어지는 과정을 자세하게 설명합니다. 아이들의 눈높이에 맞춘 생동감 넘치는 그림은 직접 헤엄치며 바다 속을 보는 듯한 느낌을 줍니다.

- **펭귄과 돌고래도 모르는 수족관의 비밀**

  나카무라 하지메 지음, 황혜숙 옮김 / 바다출판사 / 2010 / 절판

  수족관에 가기 전에 보면 좋을 책입니다. '돌고래에게 어떻게 재주를 가르칠까?', '수족관 유리는 정말 깨지지 않을까?', '큰 물고기들이 작은 물고기를 잡아먹지는 않을까?' 등 수족관을 둘러보며 생길 수 있는 궁금증들을 시원하게 풀어줍니다. 수족관에 사는 다양한 동물들의 이야기를 비롯해 수족관은 어떤 곳이며 어떤 시설과 장치들을 갖추고 있는지, 사육사, 조련사, 수의사는 하루를 어떻게 보내는지 등에 대해 설명합니다. 수족관 곳곳을 담은 사진들도 풍성해서 생동감을 키웁니다.

  - **말 걸기 포인트:** "고래는 이 구멍으로 숨을 쉰대!"
  - **말 걸기 포인트:** "우와, 입 큰 것 좀 봐! 잡아먹힐까 봐 무섭다. 그치? 하지만 걱정하지 마. 고래상어는 사람을 먹지 않는대."

- **어린왕자와 함께 떠나는 별자리 여행**

  이태형 지음 / 북스타 / 2015 / 17,000원

  일상생활에서 마주하게 되는 별과 우주에 대한 기본 정보와 지식을 다루면서 동화 세계와 과학 세계를 넘나들며 밤하늘 별자리와 우주천문학을 알기 쉽게 설명해요. 어린왕자를 따라가다 보면 우주 끝까지 여행하게 되고 어느새 천문학에 대한 전반적인 이해와 지식을 넓힐 수 있어요.

- **눈으로 배우는 수학**

  어린이클럽 편저, 이용택 옮김, 시미즈 요시노리 감수 / 이너북주니어 / 2016 / 15,000원

  요즘 들어 살이 쪄서 허리띠 구멍을 하나 헐렁하게 풀었다면(허리가 약 3cm 늘었다면) 그 사람의 배는 얼마나 나온 것일까요? 지구가 완전히 둥글고 그 지구의 적도에 끈을 둘렀을 때 그 끈을 1m만 길게 늘이면 헐렁해진 끈은 지면에서 얼마만큼 떨어지게 될까요? 이 책은 이처럼 생활 속에서 쉽게 접할 수 있는 문제를 즐길 수 있도록 만든 책입니다. 책에 있는 재미있는 사실들을 스스로 직접 실천해보면 수학에 대한 재미가 쑥쑥 늘어날 것입니다.

- **동물은 어떻게 세상을 볼까요?**
  기욤 뒤프라 지음, 정미애 옮김 / 길벗어린이 / 2014 / 18,000원
  고양이와 소, 새와 곤충들의 눈에 세상이 어떻게 비치는지를 일러스트로 표현한 그림책입니다. 동물의 눈에 달린 플랩을 젖히면 동물이 보는 세상이 펼쳐져 무척 흥미롭습니다. "박쥐는 귀로 공간을 파악하는구나, 신기하네" 하며 평소 알지 못했던 내용이 나오면 신기한 발견을 한 기분을 맘껏 표현해주세요.

- **사계절 생태도감: 자연 속 보물 찾기**
  모리구치 미쓰루 지음, 김해창·박중록 옮김 / 사계절 / 2008 / 13,800원
  계절마다 볼 수 있는 동식물의 생태를 그림으로 설명한 책입니다. 생생하게 그려진 진귀한 생물과 자연의 모습을 보여줌으로써 자연에 대한 흥미와 호기심, 생태계의 소중함을 느끼게 해줍니다.

- **사계절 생태놀이: 봄**
  붉나무 지음 / 길벗어린이 / 2011 / 8,000원
  봄에 볼 수 있는 들나물, 봄에 피는 꽃, 봄에 볼 수 있는 곤충을 만나봅니다. 주위에서 쉽게 만나는 꽃으로 화전을 부쳐서 먹고, 개나리꽃으로 목걸이를 만들고, 돌멩이와 나뭇가지로 벌레를 만들어 놀다 보면 어느새 자연을 가깝게 느끼게 됩니다. 어린이들의 자연 체험과 생태 교육을 위한 안내서입니다. 책에 실린 생태놀이들은 풀잎, 나뭇잎, 꽃, 열매 등의 자연물을 이용해 손쉽게 할 수 있는 것들이라 따라 해보면서 직접 자연을 체험할 수 있습니다. 같은 시리즈로 여름, 가을, 겨울도 있습니다.
  - **흥미 포인트:** 책에 나오는 자연물을 이용해 공작물을 함께 만들어보고 집에 전시해보세요. 아이들이 무척 좋아하고 뿌듯해한답니다. 이런 식으로 전시했던 작품들이 꽤 모이면 저는 어느 정도 전시 후 사진을 찍어두고 버렸어요. 나중에 그 사진들을 보며 이야기 나누어도 참 재미있어요.

- **쿵쿵 누구의 자국일까?**
  르네 라히르 지음, 조병준 옮김 / 웅진주니어 / 2011 / 10,000원
  발자국, 둥지, 긁힌 자국, 모아둔 먹이나 먹다 남은 먹이, 알 또는 껍데기, 목욕 흔적, 똥과 오줌, 냄새, 털이나 깃털 등 동물들이 남기는 흔적은 무척이나 다양합니다. 동물들이 흔적을 남기거나 남기지 않는 이유를 알아보며 동물들이 새끼를 지키고자 하는 본능을 깨닫고 모두 자기 새끼를 잘 돌보기 위해 최선의 노력을 하며 살아간다는 사실을 책을 읽으며 알아갑니다.

● **첨벙첨벙 물에 살아요**
르네 라히르 지음, 조병준 옮김, 김웅서 감수 / 웅진주니어 / 2011 / 10,000원

물에 사는 대표적인 동물로 알려진 어류뿐만 아니라 곤충, 양서류, 연체동물, 조류, 파충류, 포유류에 이르기까지 물에 사는 100여 종의 동물을 한눈에 볼 수 있는 생태 그림책입니다. 강과 연못에 살면서 물에 새끼를 위한 보금자리를 만드는 논병아리와 물잠자리도 보고, 허파로 숨을 쉬지만 수영하기 좋게 체형이 발달된 수달과 비버도 만납니다. 물에 사는 대표적인 동물인 물고기가 생긴 모양과 색깔이 제각기 다르다는 것도 발견합니다. 물에 의지하는 정도는 모두 조금씩 다르지만, 각자의 환경에 맞춰 모두 멋지게 살아가고 있다는 것을 섬세하게 묘사된 그림으로 보여줍니다.

● **똥 똥 귀한 똥**
보리 편집부 지음, 김시영 그림 / 보리 / 2004 / 11,000원

동물들은 저마다 먹이가 다르기 때문에 똥의 모양과 성분이 다르고, 똥을 천연 비료로 이용하기 위해 만들어진 농촌의 화장실 구조도 재미있게 알려줍니다. 의성어와 의태어를 섞어 전래동요의 리듬감을 따른 간결한 글을 따라 읽으며 우리말의 재미도 한껏 느껴봅니다. 똥이 거름이 되는 과정, 똥을 푸거나 모으는 연장, 수세식 화장실의 분뇨 처리 과정 등의 정보도 간략하게 정리되어 있습니다.

● **냄새 나는 책: 방귀**
백명식 지음 / 파랑새어린이 / 2016 / 12,000원

우리 몸에서 나는 다섯 가지 냄새에 관해 다룬 과학 그림책입니다. 더럽고 지저분한 배설물 이야기를 재미있어하는 어린이의 심리를 꿰뚫은 기획으로, 재기발랄한 아이디어가 돋보입니다. 우리 몸은 음식물을 섭취하고 영양분을 흡수한 뒤 남은 찌꺼기를 방귀, 똥, 땀, 트림, 오줌 등을 통해 내보냅니다. 이러한 분비물이나 배설물을 내보내지 못한다면 건강을 잃게 되겠지요. '냄새 나는 책' 시리즈는 이 책 외에도 똥, 땀, 트림, 오줌 편이 있습니다. 어린이들이 최고로 재미있어할 배설물의 이야기를 한데 모아 인체과학적 지식과 다양한 주변 정보를 전달합니다. 그럼으로써 이러한 더러운 냄새를 풍기는 것들이 사실은 우리 몸을 건강하게 유지하기 위해 꼭 필요한, 우리 몸의 소중한 일부임을 깨닫게 해줍니다.

● **몬스터과학: 충전 100% 에너지 세계로 출동**
이희주 지음, 김소희 그림 / 웅진주니어 / 2016 / 11,000원

꼬리에 꼬리를 물고 이어지는 아이의 질문과 에너몬의 명쾌한 대답을 통해 에너지를 이해하는 데 꼭 필요한 지식을 채워주는 에너지 지식 백과입니다. 어른도 한번에 이해하기 힘든 주제가 에너지인데, 에너몬은 아이가 지루해하지 않고 호기심을 가지도록, 과학 놀이터에 온 듯 신나는 놀이와 실험을 통해 에너지에 대해 알아가도록 도와줍니

다. '몬스터과학' 시리즈로는 《공주의 뇌를 흔들어라》, 《우주의 끝이 어디야?》, 《두뇌이 유전의 비밀을 풀다》, 《세포야 쪼개져라! 많아져라!》, 《세균 보이지 않는 세계를 부탁해!》 등이 있습니다.

- **짜잔, 독특한 기생충을 소개합니다**
  서민 지음, 김석 그림 / 웅진주니어 / 2017 / 12,000원
  우리는 기생충이라고 하면 혐오스럽게만 생각하지 사실 기생충에 대해 잘 알지 못합니다. 이 책에서는 기생충에 대한 기본 정보부터 다양한 기생충들이 살아가는 방식과 기생충에 대한 잘못된 지식까지 밝혀줍니다. 그러면서 사람들이 생각하는 것과 달리 기생충이 의외로 얌전하고 온순한 생물이라는 사실을 알려주고 이를 통해 아이들은 인간과 가장 가까운 생물이 기생충이라는 사실을 깨닫게 되지요.

- **어린이 과학 잡지**
  과학잡지는 한 달에 한두 번 발간되기 때문에 그때그때의 시의성에 맞는 기사를 볼 수 있고 사진과 그림이 풍부하게 들어 있어 좋은 도감이 됩니다. 초등학생 대상의 잡지의 경우 구성이나 내용이 비슷한 면이 있으므로 서점이나 도서관에서 각각 살펴보고 아이가 더 좋아하는 잡지로 구입하시길 추천합니다. 영재학교에 간 저희 아들도 초등학생 때 가장 많이 본 책이 과학잡지입니다. 지나간 잡지라 해도 관심 있는 분야는 다시 찾아보고 자꾸 들춰보는 모습을 발견할 수 있어요.

  – **어린이 과학동아** (동아사이언스 / 8,500원): 한 달에 두 번 발간됩니다. 과학자들이 직접 시나리오와 그림에 참여해 과학에 대한 올바른 지식을 갖게 합니다.
  – **과학소년** (교원 / 9,000원): 유치원생부터 초등학생 정도 되는 아이들이 여러 가지 과학 정보를 재미있고 부담 없이 접할 수 있는 잡지로 격주 발행됩니다. 초등학교 교과서와 연계되는 교과 맵이 있어 학교교육과 연결하여 찾아볼 수 있습니다. 어린이들의 흥미를 끌 수 있는 만화, 동영상 자료를 볼 수 있는 QR 코드도 수록되어 있습니다.

도감과 친해지기 2단계: 즐기기

THE 도감 유형

해당 주제와 관련된 자세한 정보를 다양한 각도에서 소개합니다. 정보량이 많아 읽는 아이에게 지적 만족감을 주지요. 정보가 잘 정리되어 있으므로 비교하는 즐거움이 크고, 실제 체험이나 영상 등을 본 뒤 궁금했던 점을 확인해 머릿속에 남기기에 안성맞춤입니다.

● **양서 파충류 도감**
이주용 그림, 심재한·김종범 감수 / 보리 / 2016 / 20,000원
우리나라에 사는 양서류 16종과 파충류 20종을 담았습니다. 발로 뛰며 직접 취재해서 그린 동물 생태 그림은 아주 생생합니다. 보리 어린이도감의 세밀화는 사진 수십 장에 수록된 정보를 한 장에 압축한 그림으로 14종의 다양한 도감으로 담아냈습니다. 처음 이 책을 보고 세밀한 그림과 자세한 설명에 감탄을 금치 못했지요. 한참을 아이들이 끼고 놀러갈 때도 가지고 다니며 재미있게 보았던 책입니다.

• **흥미 포인트:** 69쪽의 경우 "물두꺼비는 수컷과 암컷 색깔이 다르구나" 하며 이야기를 나눠요.

● **내셔널지오그래픽 키즈 세트**
내셔널지오그래픽협회 지음 / 삼성출판사 / 2016 / 30권 120,000원
생생한 사진과 간결한 글로 동물들의 이야기를 들려주는 내셔널지오그래픽 키즈 세트입니다. 내셔널지오그래픽 전속 사진작가들이 찍은 생동감 넘치는 사진을 짜임새 있게 구성했어요. 사진 중심의 짧은 글로 이루어진 1단계부터 좀 더 긴 글로 사고력을 길러주는 3단계까지 구성되어 있어 처음 도감을 접하는 유아들도 부담 없이 보기에 좋습니다.

● **우리의 몸**
스티브 파커 지음, 줄리아노 포르나리 그림, 김재면 옮김 / 루덴스 / 2009 / 20,000원
우리의 인체를 머리와 목, 가슴, 팔과 손, 배, 다리와 발 등의 주요 부위로 나누어 뼈, 근육, 혈관 등을 차례로 보여주며 각 기관들이 하는 일들을 차근차근 설명합니다. 초등 고학년 이상의 아이들이 보기에 적합하고 좀 더 깊은 지식을 요구할 때 보면 좋습니다.

- **우리 땅 곤충 관찰기: 신기한 능력을 가진 곤충들**
  정부희 글 · 사진, 최미란 · 조원희 그림 / 길벗스쿨 / 2016 / 13,000원
  우리나라 곳곳에 사는 신기한 능력을 가진 곤충 14종을 재미난 말과 정확한 사진으로 알 수 있는 시리즈입니다. 생생한 사진과 아이들의 눈높이에 맞춘 글과 귀여운 그림이 시선을 사로잡습니다. 또 다른 시리즈로는 《꼭꼭 숨은 곤충의 집》, 《하트 뽕뽕 곤충의 자식 사랑》, 《냠냠쩝쩝 곤충의 밥상》이 있습니다.
  - 흥미 포인트: 뒷면의 곤충카드는 휴대용 도감처럼 활용하거나 게임할 때 활용해보세요

- **공룡**
  브누아 들라랑드르 지음, 앙드레 부스 그림, 김이정 역, 허민 감수 / 주니어RHK / 2010 / 15,000원
  아이들이 궁금해하는 공룡에 관한 온갖 궁금증에 대한 답이 이 책에 담겨 있습니다. 공룡의 시작과 공룡의 종류별 특징, 공룡의 먹이, 공룡의 생활습관, 공룡이 살았던 시대에 대한 이야기 등이 펼쳐집니다. 책 속의 책, 플랩 등이 페이지마다 여러 개씩 들어 있어 더욱 알차고 자세한 정보를 얻을 수 있습니다. '놀라운 라루스 백과사전'의 또 다른 시리즈에는 《동물》, 《곤충》, 《작은 동물들》도 있습니다.

- **모험 도감: 캠핑과 야외생활의 모든 것**
  사토우치 아이 지음, 마쓰오카 다쓰히데 그림, 김창원 옮김 / 진선BOOKS / 9,800원
  야외생활이나 일상생활에서 필요한 것이나 즐기는 방법을 정밀한 일러스트로 표현한 도감입니다. 책 속에 소개된 일기도를 읽는 법, 아궁이를 만드는 법, 풀꽃을 이용한 놀이 등을 읽다 보면 직접 해보고 싶은 마음이 무럭무럭 들 것입니다.

- **무슨 나무야?**
  도토리 기획, 전의식 감수 / 보리 / 2002 / 30,000원
  531종의 우리 나무를 세밀화로 그려 알려주는 나무 도감입니다. 주머니에 넣고 다니며 나무의 이름과 그 나무의 특성에 대해 알아볼 수 있도록 작은 크기로 펴냈습니다. 큰 키나무, 떨기나무, 덩굴나무, 대나무로 분류해 소개하고, 아이들도 쉽게 찾을 수 있도록 '어린이 찾아보기' 코너도 마련해놓았습니다. '무슨 꽃이야?', '무슨 풀이야?'도 있어서 아이들과 야외 나들이에 가지고 가서 직접 찾아서 비교해보는 재미가 있습니다.
  - 흥미 포인트: 지역의 공원 홈페이지에 들어가 보면(서울의 경우 서울시 공공서비스 예약 홈페이지 http://yeyak.seoul.go.kr와 서울의 산과공원 홈페이지 http://parks.seoul.go.kr에서 예약할 수 있어요) 교육 프로그램들이 있어서 숲 해설가 선생님의 설명을 들을 수도 있고 숲에서 주운 나뭇잎, 나뭇가지 등을 가지고 공작물 만들기, 손수건 염색하기 등 여러 가지 프로그램들을 무료이거나 재료비 정도만 부담하면 들을 수 있어요. 아이들이 어렸을 때는 양손에 아이들 손잡고 많이 찾아다녀서 주변에서 저더러 유치원 원장이라고들 했답니다. 이렇게 공원 프로그램에 참가할 때 휴대용 도감을 가져가면 책의 사진과 실물을 비교해 볼 수 있는 기회도 되지요.

- **어린이 과학동아 생생쏙도감: 별자리**
  임숙영 외 글, 박승철 사진, 김이랑 그림, 국립중앙과학관 자연사연구회 감수 /
  동아사이언스 / 2007 / 12,000원
  관찰을 하며 현장에서 찾아볼 수 있는 신개념 도감입니다. 별자리를 주제로 재미있게
  할 수 있는 여러 가지 활동을 수록한 워크북이 함께 있어 아이들과 활용하기에 더욱
  좋습니다. 다른 시리즈로는 《나뭇잎》,《씨앗》이 있습니다.
    - **흥미 포인트:** 여행 갈 때 가지고 가서 다같이 누워 책에 나와 있는 계절별 별자리를 찾아보세요.

- **주머니 속 곤충도감**
  손상봉 글·사진 / 황소걸음 / 2013 / 20,000원
  책이 작아 언제든지 들고 다니며 눈앞에 있는 곤충의 이름이 무엇인지, 특징이 무엇인지 바로 확인할 수 있는 이 책은 우리 주변에서 쉽게 찾아볼 수 있는 곤충 453종을 실었습니다. 곤충의 특징과 생태가 담긴 사진과 설명, 곤충 채집할 때 필요한 준비물, 방법, 그리고 표본을 만들어 보관하는 방법까지 곤충 채집과 관찰에 필요한 모든 것이 담겨 있습니다.

Q&A 도감

Q&A 도감은 아이가 느낄 수 있는 의문을 다루며 그것에 답하는 형식의 도감입니다. 평소 궁금해하던 것들을 하나씩 알아가는 재미가 있어요.

- **세상의 비밀을 밝히는 365일 탐구생활**
  리자 리너만 지음, 앙케 M. 라이츠겐 그림, 유영미 옮김, 김정식 감수 / 다림 / 2013 / 9,500원
  "낮에는 왜 별이 보이지 않을까?", "물이 들어 있는 유리컵 속의 빨대는 왜 더 커 보일까?" 등 궁금하고 이상하게 여겨지는 많은 일들이 왜 일어나는지 탐구해보고 그 뒤에 숨겨진 비밀을 찾아보아요. 계절에 어울리는 탐구 활동과 아주 짧은 시간에 궁금증을 풀 수 있는 간단한 질문과 탐구, 독특하고 재미있는 탐구 아이디어와 세상의 비밀을 쉽게 풀 수 있는 영리한 탐구 방법들까지 아이들의 탐구심을 자극해 창의와 상상력의 세계로 안내합니다. 각 탐구 활동마다 활동에 필요한 준비물과 접근하는 질문들과 그 활동 내용을 상세히 설명하고 있습니다.

- **우리 아이 첫 과학백과**
  이자벨 푸제르 지음, 멜라니 알라그 그림, 김수진 옮김 / 아름다운사람들 / 2012 / 18,000원
  묻고 답하는 형식을 취해 아이들의 호기심을 불러일으킬 뿐만 아니라, 아이들의 눈높이에 맞춰 라루스 특유의 명쾌하고도 간결한 설명으로 지루하지 않게 읽을 수 있게 해줍니다. 시리즈에는 《첫 호기심 백과》, 《첫 질문 과학백과》, 《첫 지식 과학백과》가 있습니다.

- **초등학생이 가장 궁금해하는 신비한 인체 이야기 30**
  장수하늘소 지음, 우디크리에이티브스 그림 / 하늘을나는교실 / 2013 / 11,000원
  어린이들이 가장 궁금해하는 인체 이야기 30가지를 실었습니다. 인체에 대한 다양한 정보와 상식을 만화와 일러스트와 사진으로 친절하고 재미있게 알려주는 한편, 학습 정보 면에서는 생생한 사진과 일러스트를 다수 수록해 한눈에 쏙쏙 들어오도록 만들었습니다.

- **공부 도와주는 비교사전**
  이안 그레이엄 지음, 마크 버진 그림, 오지현 옮김 / 키다리 / 2011 / 13,000원
  세상의 최대, 최고, 최강, 최초 등 기네스북에 버금가는 놀라운 수치와 기록들을 한눈에 보여주고 비교하는 비교사전입니다. 단순한 비교에 그치는 것이 아니라 자그마한 곤충부터 커다란 동물, 건축물, 기차와 자동차, 비행선과 우주선까지 우리 주변의 다양한 사람, 사물과 자연물들의 크기, 넓이, 수명, 거리, 속도, 무게, 부피, 개체수 등을 망라해 '극단적인 비교'를 보여줍니다.

- **어린이 식물 비교도감**
  윤주복 글 · 사진, 류은형 그림 / 진선아이 / 2014 / 12,800원
  식물을 관찰하다 보면 생김새가 비슷해서 구별하기 어려운 식물이 많습니다. 이 책은 귤나무와 탱자나무, 소나무와 잣나무처럼 비슷한 식물을 사진으로 자세히 비교하면서 비슷한 점과 다른 점을 알고 올바로 구별할 수 있도록 도와줍니다. 뿌리, 줄기, 잎, 꽃, 열매 등을 비교해보면서 식물의 기본적인 구조와 식물을 관찰하는 방법까지 저절로 익힐 수 있습니다. 같은 시리즈로 곤충, 물고기, 새 비교도감도 있습니다.
  - **흥미 포인트**: "오디열매를 먹으면 방귀가 잘 나와서 그 나무를 뽕나무라고 했대"처럼 예전부터 내려오던 재미있는 이야기를 들려주면 아이들이 더 흥미를 가지겠지요.

● **처음 만나는 사람의 몸, 동물의 몸**
이상권 지음, 김미정 그림 / 한권의책 / 2017 / 14,000원
사람의 몸에 대한 특징을 다른 동물들과 비교하면서 설명합니다. 모든 동물들 역시 사람과 마찬가지로 저마다 특별한 몸의 구조를 가지고 있는데, 어떤 것은 사람 몸의 구조와 비슷하고 또 어떤 것은 같은 역할을 하지만 전혀 다른 모양인 것도 있습니다. 살아남기 위한 저마다의 방식을 가지고 있는 것이지요. 이 책에서는 사람 몸의 19 부위에 대한 설명과 함께 수많은 동물들의 몸을 비교해 보여줍니다.

● **최고를 찾아라! 동물 기네스북**
스티브 파커 지음, 강미라 옮김 / 국민서관 / 2014 / 16,000원
세상에 존재하는 많은 동물들 중에서 여러 분야에 최고 기록을 가진 동물들을 한 권에 모았습니다. 가장 무거운 동물, 가장 똑똑한 동물, 가장 작은 동물 등 60개 부문에서 최고 기록을 가지고 있는 동물들을 만날 수 있습니다. 같은 시리즈에 공룡, 우주, 메가머신도 있습니다.

● **과학이 재미있는 그림 교과서**
조승현 지음, 최은영 그림 / 한솔수북 / 2015 / 12,000원
각 계절의 크고 작은 에피소드들을 넓게 펼쳐 보여준 뒤 좁게 뜯어서 보여주는 방식으로 구성되어 있습니다. 아이들은 그림 속 하늘이를 따라 겪는 체험학습과 일상생활 속에서 여러 질문들로 과학에 대한 흥미와 이해를 높일 수 있습니다. 부록으로 '과학 그림사전'을 두어 어린이들에게 맞춰 쓴 쉬운 용어 풀이와 관련 그림으로 개념을 총정리할 수 있습니다.

● **지구는 왜 똥으로 가득 차지 않을까?**
마쓰오카 다쓰히데 지음, 고향옥 옮김 / 비룡소 / 2015 / 11,000원
똥에 관한 재미난 질문으로 자연의 생태 흐름을 한 권에 담은 이 책은 조류, 어류, 포유류, 파충류 등 다양한 동물계의 생태 특징을 아우르며 쉬운 설명과 생생한 그림으로 그 흐름을 보여줍니다. 스토리텔링 도감의 장점을 살려 동물원에서도 보기 어려운 곤충류와 해조류까지 폭넓게 담아 200종 이상의 동물들을 살펴볼 수 있습니다.

- **흥미 포인트:** "엄마도 예전에 걷다가 새똥을 맞은 적이 있는데 그때 굉장히 묽어서 닦아내기가 힘들었어. 그런데 그게 똥과 오줌이 함께 나와서 그런 거구나"처럼 엄마의 경험을 이야기해주면 아이들이 훨씬 재미있어 할 거예요.

- **공상과학 독본 (1~4)**
  야나기타 리카오 지음, 김영종 옮김 / 대원씨아이 / 2010, 2011 / 각 9,800원
  만화와 애니메이션에 등장하는 설정을 과학적으로 풀이했습니다. "대나무 헬리콥터(만화 '도라에몽'에 등장하는 도구)가 실제로 있다면 정말 하늘을 날 수 있을까?", "빨간 모자에 나오는 늑대의 크기는?"처럼 만화영화나 동화에 등장하는 공상과학과 관련된 화제를 과학적으로 진지하게 검증합니다. 진지하지만 어이없는 매력에 빠져들 수 있어요.

- **동물과 식물 이름에 이런 뜻이?!**
  노정임·이주희 글, 안경자 그림 / 철수와영희 / 2015 / 13,000원
  우리가 흔하게 부르는 황소, 호랑이, 지렁이, 비둘기, 진달래, 무궁화 등 38종의 동물과 식물 이름에 대해 '왜?'라는 질문을 던지면서 어원을 살펴보며 동식물의 생태와 함께 그와 관련된 우리나라의 문화와 역사를 어린이 눈높이에서 재미있게 알려줍니다.

- **두근두근 수학섬의 비밀**
  사쿠라이 스스무 글, 후와 고이치로 그림, 최종호 옮김, 김상목 감수 / 진선아이 / 2013 / 10,800원
  수학에 재미를 느끼게 되는 놀라운 연산법과 흥미로운 수학 상식을 소개하는 스토리텔링형 신개념 수학책입니다. 재미있는 연산의 비밀이 숨겨진 다양한 수학섬을 탐험하다 보면 수학의 기초가 탄탄해지고, 어려운 계산도 척척 해낼 수 있는 자신감과 수학적 사고력을 갖게 됩니다. 일본의 수학 명강사 사쿠라이 스스무가 전하는 연산법과 흥미로운 수학 이야기로 수학과 더욱 가까워지고, 수학의 재미를 느낄 수 있어요.

- **마법의 숫자들**
  조니 볼 지음, 이소라 옮김 / 비룡소 / 2005 / 15,000원
  인간은 어떻게 수를 세기 시작했을까요? 세계의 숫자들은 어떤 모양일까요? 마방진, 황금비율, 원주율 같은 신기한 '마법의 숫자'들은 도대체 어떤 원리를 갖고 있을까요? 수뿐만 아니라 도형, 논리, 수학자들에 이르기까지 수학에 얽힌 다양한 지식을 들여다보는 책입니다.

  - **말 걸기 포인트:** "우리도 파푸아뉴기니 사람들처럼 수를 세어볼까?"와 같이 아이가 흥미로워 할 만한 말을 자꾸 걸어주세요.
  - **흥미 포인트:** 책에 나오는 퀴즈도 풀고 다면체, 마술띠 등을 함께 만들어보세요.

● **수학으로 바뀌는 세계**
조니 볼 지음, 이소라 옮김 / 비룡소 / 2009 / 15,000원

우리 생활이 수학과 얼마나 밀접하게 연관되어 있는지를 보여줍니다. 내가 어느 장소에 있는지 알고, 물건 값을 따지고, 음악을 연주하는 것에도 수학이 숨어 있어요. 또 수학은 높은 건물을 세울 수 있게 해주고, 먼 거리를 측정하고 여행할 수 있게 해줍니다. 수학이 만들어지면서 세상이 어떻게 바뀌었는지를 찬찬히 알아가다 보면 수학이 우리 생활에 꼭 필요한 존재임을 자연스럽게 알게 됩니다. 페이지마다 특정 측정 주제에 따른 내용으로 꾸며져 있으며, 아래에는 과학이나 수학과 관련된 간단한 문제가 있어 흥미를 더합니다. 직접 수학 수수께끼를 풀어보면서 과학과 수학의 재미를 함께 느낄 수 있습니다.

• **흥미 포인트:** 37쪽의 경우 별시계를 만들어서 실제 시간과 일치하는지 확인해보세요.

● **분수와 소수**
로지 디킨스 지음, 베네데타 조프레 · 엔리카 루시나 그림 / 어스본코리아 / 2016 / 14,000원

플랩 곳곳을 열어보며 분수와 소수, 백분율의 개념부터 쓰임새, 비교법까지 차근차근 알아갈 수 있는 책이에요. 분수란 무엇인지, 분수는 어떻게 읽고 분류하고 비교하는지를 자연스럽게 알 수 있지요. 또 소수로 표현하는 방법과 소수의 덧셈과 뺄셈 방법을 쉽게 이해할 수 있어요. 그런 다음 퍼센트(%)라는 단위를 쓰는 백분율로 바꾸어 수를 비교하는 방법도 짚어간답니다. 덧셈, 뺄셈보다 아이들은 분수와 소수를 어려워하지요. 그림과 플랩으로 재미있게 원리를 이해할 수 있게 도와줍니다.

● **오키도 14: 머리카락은 왜 자랄까?**
오키도(OKIDO) 지음, 고정아 옮김 / 문학수첩 리틀북 / 2017 / 10,000원

어린이 과학 창의 잡지로, 매달 한 가지 주제를 정해 신나는 어린이들의 호기심과 흥미를 놀이로, 그림으로, 퀴즈로, 이야기로, 때로는 노래와 시로 탐구할 수 있도록 이끕니다. 다채로운 이야기와 만화, 요리, 시 등으로 구성된 본책과 미로 찾기, 숨은그림찾기, 자유롭게 칠하고 접고 자를 수 있는 놀이판 등 다채로운 활동을 담은 별책 부록으로 구성되었습니다.

비주얼 백과사전 유형

비주얼 백과사전형 도감의 가장 큰 특징은 폭넓은 정보를 망라했다는 데 있습니다. 도감의 어디를 펼치든 상관없습니다. 책장을 넘기다 재미있어 보이는 페이지를 발견해서 아름다운 사진 혹은 일러스트를 감상하는 것만으로도 충분히 가치가 있습니다.

- **위험한 백과사전**
  로라 불러 · 리처드 워커 · 수전 케네디 · 짐 파이프 지음, 이한음 옮김 / 비룡소 / 2011 / 25,000원
  '위험'이란 주제에 맞춰 수집한 방대한 양의 정보를 어린이 독자들이 보기 좋게 편집한 구성력이 돋보입니다. 현미경 사진을 비롯한 여러 종류의 사진, 도표와 일러스트 등 호기심을 자극하고 이해를 돕는 시각 자료를 풍부하게 실었고, 만화책처럼 구성한 일부 페이지는 위험에 관한 역사 속 일화를 생생하게 전합니다. 말판 모양으로 디자인해 독자가 직접 주사위 놀이를 하면서 지식을 재미있는 오락처럼 접할 수 있는 구성과 컴퓨터 게임 속 화면처럼 구성한 페이지 역시 요즘 아이들이 친근감과 재미를 느낄 수 있게 한 장치입니다. 각각의 소재에 맞는 일러스트와 레이아웃 방식을 써서 페이지마다 다른 형태로 재미있게 꾸몄기 때문에 아이들의 시선을 사로잡습니다.

- **DK 비주얼박물관**
  웅진 편집부 지음 / 웅진다책 / 2017 / 80권 880,000원
  생물, 인체, 기술부터 역사, 예술에 이르기까지 광범위한 분야를 다룬 수준 높은 도감이지만 고가의 세트로 판매되기 때문에 저는 주로 도서관에서 아이들이 좋아하는 분야의 책들로 빌려다 보았습니다. 인기 있는 책이라 거의 모든 도서관에 구비되어 있어요.

- **고래는 왜 바다로 갔을까?**
  과학아이 지음, 엄영신 · 윤정주 그림 / 창비 / 2000 / 11,000원
  고래에 관한 모든 것을 재미있게 알려주는 과학 그림책입니다. 어린이들에게 마치 재미있는 이야기를 들려주는 듯한 어투와 익살스런 그림, 풍부한 사진들로 선사 시대부터 흔적이 남아 있는 고래의 생태를 설명합니다. 더불어 고래가 사람들의 얄팍한 이기심에 점점 사라져가는 안타까운 현실을 자세히 그리고 있어 어린이들이 환경을 보존해야 하는 중요성을 깨닫게 해주는 데에도 많은 도움을 주는 책입니다.

- **눈으로 보고 바로 이해하는 비주얼 과학**
  캐롤 보더먼 외 지음, 박유진 옮김 / 청어람아이 / 2017 / 21,800원
  생물학, 화학, 물리학의 개념을 시각적 자료를 통해 한 번에 이해할 수 있게 도와줍니다. 그림만 봐도 문제를 어떻게 풀어나가야 할지 머릿속에 그려집니다. 따라서 외우지

않고도 잘 기억할 수 있고 적용할 수 있으며 더 효과적으로 활용할 수 있습니다. 같은 시리즈로 비주얼 코딩, 비주얼 수학, 비주얼 영어, 비주얼 공부법도 있습니다.

● **아트 동물 그림책**
스티브 젠킨스 지음, 김맑아 · 김경덕 옮김 / 부즈펌어린이 / 2015 / 24,000원
여러 질감의 종이를 찢고 자르고 붙여서 만든 스티브 젠킨스의 작품들은 독특하면서도 매우 사실적이라 사진이나 세밀화보다 훨씬 더 생생하게 다가옵니다. 또한 아이들이 궁금해하고 흥미로워할 주제들만 쏙쏙 뽑아 소개하는 동물 이야기들은 두껍고 어렵기만 한 백과사전보다 훨씬 알차고 재미있답니다. 동물 세계에 대한 지식은 물론 자연에 대한 호기심과 관찰력, 상상력과 예술적인 감각까지 키울 수 있는 책입니다.

● **진짜 진짜 재밌는 과학그림책**
리즈 마일즈 지음, 김은영 옮김, 김태우 감수 / 부즈펌어린이 / 2016 / 24,000원
어린이들이 가장 궁금해하는 곤충, 식물, 동물, 인체, 우주, 환경 등 세상의 모든 과학 지식을 생생하고 인상적인 일러스트와 함께 소개합니다. 지구의 탄생에서부터 오늘날까지, 작은 생물이 살고 있는 흙 속에서부터 거대한 우주에 이르기까지, 이 세상을 과학 지식을 통해 탐구해봐요. 같은 시리즈에는 공룡, 바다, 곤충, 자동차, 육식동물, 거미, 새, 멸종위기동물, 파충류, 동물, 진화, 신기한 동물이 있습니다.

도감과 친해지는 3단계 : 깊어지기

아이가 도감의 재미를 제법 알게 되고 좋아하는 주제가 확실해지면 아이는 스스로 도감을 꺼내 읽기 시작합니다. 이 단계까지 왔다면 한 발 더 들어간 도감에 손을 뻗어볼 때입니다.

- **교과서와 함께 보는 어린이 과학사전**
  오픈키드 어린이사전 편찬위원회 지음 / 열린어린이 / 2006 / 35,000원
  과학을 이해하는 데 꼭 알아야 할 내용을 초등학교 과학 교과서에서 나오는 낱말과 어린이들이 꼭 알아야 할 사실들을 중심으로 표제어를 잡고 그에 대해 어린이의 눈높이에 맞추어 쉽게 설명한 주제별 사전입니다. 1,200여 장의 새롭고 정확하고 아름다운 사진과 그림 등의 시각자료들은 보는 것만으로도 과학적 흥미를 불러일으킵니다.

- **자연사 (DK 대백과사전)**
  DK 자연사 제작위원회 지음, 김동희 · 이상준 · 장현주 · 황연아 옮김 / 사이언스북스 / 2012 / 69,000원
  19개의 박물관과 갤러리, 국립 동물원을 소유하고 있는 세계 최대 규모의 연구기관인 스미스소니언협회와 DK가 만나 만든 지구상의 모든 생명과 그들의 역사를 한눈에 들여다볼 수 있는 자연사 대백과 사전 시리즈입니다. 바다에서 탄생한 최초의 단세포 원핵생물로부터 식물, 균류, 동물에 이르는 장구한 지구 생명의 진화 과정은 물론 극지방과 열대, 사막, 초원, 산맥, 강과 습지, 대양 등 푸른 행성 곳곳의 생태계를 장악한 놀랍고도 다양한 생물의 이야기를 이 한 권의 책에서 만나 볼 수 있습니다. 부모님과 함께 봐도 좋을 탄성과 감탄이 나올 정도의 사진들이 가득합니다. 같은 시리즈에는 인체 완전판, 카북, 임신과 출산이 있습니다.

- **한눈에 펼쳐 보는 자연사 박물관**
  크리스토퍼 로이드 지음, 앤디 포쇼 그림, 강형복 옮김 / 키즈엠 / 2015 / 18,000원
  지구가 탄생한 때부터 현재까지 자연의 역사를 한눈에 볼 수 있는 아주 특별한 책입니다. 병풍처럼 펼쳐지는 특이한 구조로 되어 있어 책처럼 넘겨 보고, 병풍처럼 길게 펼쳐 보고, 벽에 붙여 볼 수도 있습니다.
  책의 앞면은 지구 생명체의 진화 과정 및 자연의 변화 과정을 한눈에 살펴볼 수 있는 자연사 연대표로 구성되어 있습니다. 2.38미터 길이의 초대형 연대표를 보며 지구와 자연현상의 변화와 그 흐름을 큰 틀에서 생각하고 이해할 수 있습니다.
  책의 뒷면에는 자연 과학의 발전 과정과 역사 속 위대한 과학자와 중요한 사건들에 대한 이야기가 실려 있습니다.

- **선생님들이 직접 만든 이야기 곤충 도감**
  김성수 외 글·사진 / 교학사 / 2013 / 50,000원
  우리 주변에서 만날 수 있는 650여 종의 곤충을 20개 분류군(목)으로 나누어 설명하는 곤충 정보 백과입니다. 생생한 사진과 함께 각 곤충의 특징, 생태, 분포, 출현기, 먹이 등에 대한 설명이 담겨 있습니다. 이야기 마당 코너에 담긴 재미있는 곤충 이야기가 흥미롭습니다. 책의 뒤쪽에는 곤충의 생활, 생김새, 분류, 곤충 채집, 곤충 사육법 등을 담은 곤충 학습관을 실었습니다.

- **알고 보면 더 재미있는 곤충 이야기**
  김태우·함윤미 지음, 공혜진·고상미 그림 / 뜨인돌어린이 / 2011 / 11,000원
  우리 곁에서 살아가는 곤충의 이야기를 담았습니다. 생생한 현장감을 살린 사진과 정성이 가득한 사진이 눈길을 사로잡습니다. 생태 지식뿐만 아니라 저자의 어린 시절 추억담과 산과 들을 뛰어다니며 겪은 재미있는 체험담이 친근하게 읽힙니다. 어린이들은 작지만 소중한 생명을 가지고 살아가는 곤충을 통해 점점 잊혀져가는 대상에 대한 보존의 중요성을 깨달을 것입니다. 각 장이 끝날 때마다 '곤충 박사님이 들려주는 식물 이야기'와 '나도 미래의 곤충 박사' 코너를 마련했으며, 본문 뒤에는 한 손에 잡히는 세밀화 카드를 직접 제작해 곤충 이름 알아맞히기 게임을 할 수 있도록 배려했습니다.

- **생명의 신비 : 지구에 살고 있는 희귀한 생물들**
  마서 홈즈·마이클 건튼 지음, 공민희 옮김 / 시그마북스 / 2011 / 45,000원
  BBC의 걸작 다큐멘터리 〈라이프(Life)〉에 소개된 지구상에 번식하는 다양하고 영리한 생물들의 보고입니다. 동물과 식물들의 특이한 생존 전략을 대륙별로 구분해 전합니다. 한 번도 들어보지 못한 동물들의 습성을 매혹적인 이야기로 전해주며, TV 다큐멘터리에 최초로 소개된 사진들을 그대로 수록해 독자들의 호기심을 한껏 자극합니다.

- **지구에서 가장 독한 동물들**
  니콜라 데이비스 지음, 닐 레이튼 그림, 노은정 옮김 / 비룡소 / 2006 / 9,000원
  어떤 혹독한 상황에서도 꿋꿋이 살아가는 기네스북에나 나올 만한 독한 동물들을 만날 수 있습니다. 1년 반 동안 굶어도 사는 거미, 펄펄 끓는 화산 속에서 사는 박테리아, 2kg의 중력 가속도를 견디는 방아벌레 등을 재미있는 일러스트로 구성했습니다.

- **기네스 세계기록 2017**
  기네스 세계기록 지음, 공민희·엄성수 옮김 / 이덴슬리벨 / 2016 / 38,000원
  천문지리, 자연, 역사, 과학, 인문 등의 분야의 인증된 세계 최고 기록들을 기술한 책입니다.

- **살아 있는 공룡 대백과**
  더글라스 딕슨 지음, 임종덕 옮김, 네일 클락 감수 / 대교출판 / 2011 / 24,000원
  디스커버리 시리즈의 하나입니다. 디스커버리 시리즈는 팝업과 접지, 밀고, 당기고, 돌리는 다양한 조작 활동을 통해 인체, 우주, 고대 이집트, 공룡 등 과학의 비밀을 알아보는 과학 시리즈입니다. 인체, 우주와 고대 이집트, 공룡의 세계는 아직도 많은 부분이 알려지지 않은 미지의 영역이지만, 그만큼 앞으로 더 많은 관심과 연구가 필요한 영역이기도 합니다. 각 주제별로 지금까지 알려진 정확한 사실을 풍부하고 생생한 그림과 사진 자료로 알려주어 정보의 신뢰도와 이해력을 높이며 호기심과 흥미를 유발합니다.

- **동물 백과사전**
  조나단 엘픽 외 지음, 박시룡 옮김 / 비룡소 / 2003 / 40,000원
  2천 종이 넘는 전 세계 동물들에 대한 안내서로 흔히 볼 수 있는 동물뿐만 아니라 전 세계의 특이한 동물까지 소개하고 있어 아이들의 호기심을 자극하며, 어른이 읽어도 손색이 없는 흥미진진함이 있습니다.

- **뼈로 푸는 과학 : 동물뼈**
  롭 콜슨 지음, 샌드라 도일 외 그림, 이정모 옮김 / 한울림어린이 / 2016 / 15,000원
  다양한 동물들의 뼈대 표본과 보고서를 모은 스크랩북 형식의 책이에요. 다양한 동물들의 뼈대를 관찰하며 동물의 생태를 추적하는 탐정이 되어보세요. 풍부한 자료와 희귀한 뼈 그림으로 동물들의 비밀을 만날 수 있어요. 살아 있는 듯 생생한 동물 사진과 뼈대 그림, 깊이 있는 지식이 함께하는 새로운 형식의 동물 지식 정보책입니다. 같은 시리즈로 《머리뼈》, 《공룡뼈》도 있습니다.
  - **흥미 포인트:** 네 발로 기어보거나 골격의 포즈를 흉내 내보는 것도 재미있습니다.

- **개념 잡는 초등과학사전**
  김현빈·노기종·류성철·임혁 지음, 신명환 그림 / 주니어김영사 / 2008 / 17,000원
  지구과학, 화학, 물리, 생물 분야를 망라한 과학 교과서에 나오는 용어 512개가 실려 있습니다. 자연과 물리 현상, 실험 과정을 생생한 사진으로 담아 이해를 돕습니다.

- **알기 쉬운 원소 도감**
  사마키 다케오 외 지음, 송지혜 옮김, 이미하 감수 / 과학동아북스 / 2013 / 20,000원
  원소 하나하나마다 한 페이지를 가득 채운 커다란 사진을 보여주고 하단에는 원소가 주기율표 어디에 위치하는지, 원소 이름이나 기호의 유래는 무엇인지, 기본적인 원소 성질(원자량, 녹는점, 끓는점)은 어떠한지를 친절하게 알려줍니다. 본문에서는 원소가

어떻게 발견되고 합성되었는지, 우리 생활과 어떠한 관련이 있는지를 상세한 예를 들어 설명하고 있습니다.

● **사이언스 빌리지**
김병민 지음, 김지희 그림 / 동아시아 / 2016 / 22,000원
호기심 많은 아이의 흥미로운 질문과 그에 답하는 과학하는 아빠의 진솔한 대화로 이루어진 이 책은 정확하고 아기자기한 일러스트와 어우러져 일상적인 경험 속에서 작동하는 과학적 원리를 설명합니다. 정성스레 그린 주기율표는 뜯어서 책상 앞에 붙여 놓고 자주 보며 활용할 수 있습니다.

● **내 몸속 DNA가 200억 킬로미터라고?**
톰 잭슨 지음, 윤소영 옮김 / 웅진주니어 / 2014 / 11,000원
우리 몸에 숨어 있는 놀라운 비밀을 기발하고 재미나게 이야기해줍니다. 거침없는 상상과 유머 감각이 넘치는 글을 통해 어린이들은 어렵고 복잡한 인체 용어에서 벗어나 자유자재로 몸속을 상상하며 인체의 작동 원리를 익히고, 더 나아가 과학적 상상력을 키우게 됩니다. 또 인체 각 부분의 놀라운 기능과 재미있는 특징을 통해 우리 몸이 어떻게 조화롭게 작동하고 있는지 자연스럽게 이해할 수 있습니다. 무시무시한 인체 해부도나 어렵고 복잡한 인체 용어를 외워야 한다는 생각에 생물 공부에 부담을 느끼기 쉬운 어린이들에게 쉽고 재미있게 인체를 받아들이도록 구성되어 있습니다.

● **틈새과학: 생활편**
도쿄이과대학 지음, 김규한 옮김 / 즐거운텍스트 / 2007 / 7,900원
생활하면서 한 번쯤 궁금했을 내용들을 알기 쉽고 재미있게 설명합니다. 일상적인 주제들을 담고 있어서 과학에 흥미를 가진 중고생 및 일반인들에게 신선한 과학의 재미를 느끼게 해줄 것입니다. 특히 '도라에몽에 나오는 도구를 실제로 만들 수 있을까?'는 아이들의 흥미를 자극합니다.

● **틈새과학: 이론편**
도쿄이과대학 지음, 김규한 옮김 / 즐거운텍스트 / 2007 / 7,900원
수학, 물리, 지구, 화학, 생물, 공학 분야로 나누어 과학에 대한 궁금증을 재미있는 질문들을 통해 알기 쉽고 재미있게 설명합니다. 《틈새과학: 생활편》보다는 조금 높은 단계로, 과학의 진미를 맛볼 수 있습니다.

지도책 리스트

- **지도로 만나는 우리 땅 친구들**
  전국지리교사모임 지음 / 뜨인돌어린이 / 2005 / 12,000원
  우리나라는 중부, 남부, 북부로 나누어 지도와 특성을 한눈에 알아볼 수 있도록 정리했습니다. 재미있는 그림 지도를 통해 각 도시의 유적지, 대표적인 건축물, 특산물 등을 구체적으로 소개합니다. 만화로도 설명하고 있어서 글밥에 익숙하지 않는 아이들도 흥미를 가지고 읽어나갈 수 있습니다. 책의 뒤편에는 '한눈에 보는 우리나라의 음식 문화', '한눈에 보는 우리나라의 축제 문화'가 있어 가족여행을 갈 때 참고도서로도 활용할 수 있습니다.

- **지도를 따라가요**
  조지욱 지음, 서영아 그림 / 웅진주니어 / 2010 / 10,000원
  원주에 살고 있는 아이가 가족과 함께 기차와 전철을 타고 서울 어린이대공원을 찾아가는 과정을 따라 세계 지도, 우리나라 지도, 서울 관광지도, 지하철 노선도, 공원 안내도 등 다양한 지도를 접하며 실생활과 밀접한 이야기를 통해 자연스럽게 지도의 개념, 방위, 기호를 익힙니다.
  - **흥미 포인트:** 집을 중심으로 마을지도를 약도 그리듯이 그려보고, 산책하며 다닌 길을 지도로 그려보면서 아이가 지도에 익숙해질 수 있게 이끌어주세요.

- **나의 아틀라스: 지도 들고 우리나라 한바퀴**
  이임숙 지음, 신동근 그림 / 마루벌 / 2014 / 13,000원
  행정자치구역으로 나눈 전국 지도, 지역별로 나눈 지도가 있어요. 전국 지도를 보면 우리나라의 모양과 구역 이름을 알 수 있고, 자세하게 지역을 나눈 지도를 보면 그곳을 이루는 지역을 볼 수 있어요. 또 각 지역마다 컬러 지도가 있어서 지역 특산품이나 산, 고궁 등을 볼 수 있어요. 아이들의 읽기 능력에 맞춰 짧고 재미있게 설명하고, 다양한 그림이 많아 이해하기 좋아요.

- **한눈에 펼쳐 보는 우리나라 지도 그림책**
  민병준 지음, 최선웅 지도, 구연산 그림 / 진선아이 / 2009 / 12,000원
  우리나라 여러 지방의 특징을 자세한 지도와 재미있는 그림으로 만나봅니다. 서울특별시, 6개의 광역시, 9개의 도, 북한으로 나누어 각 지역의 역사, 자연, 산업, 교통, 축제, 문화유산, 특산물 등 세부 정보를 찬찬히 살펴봅니다. 핵심을 간결하고 정확하게 전하는 글과 지리를 가깝게 느낄 수 있도록 배려한 만화풍의 그림, 흥미를 자아내는 부록 등 이해를 돕는 자료가 풍성합니다.

- **우리 땅 기차 여행**
  조지욱 지음, 한태희 그림, 김성은 기획 / 책읽는곰 / 2013 / 18,000원
  우리나라 각 지역의 특징과 지리적 특색, 우리 땅의 아름다움을 느낄 수 있는 지도책입니다. 하늘에서 내려다보는 시점으로 전개되는 생생한 우리 땅의 모습도 정겹지만 기차 안의 풍경까지 친숙하게 묘사하고 있어 한껏 부푼 기차 여행의 맛을 느끼기에 충분합니다.

- **질문을 꿀꺽 삼킨 사회 교과서: 한국지리 편**
  박정애 지음, 지영이 그림 / 주니어중앙 / 2010 / 11,000원
  우리나라의 지도, 기후, 지형, 산업, 인구, 도시, 촌락을 주제로 장을 나누고 각 장마다 가상의 질문을 제시해 명쾌하게 답해줍니다. 도입부의 만화, 묻고 답하기 형식, 핵심 키워드 등의 입체적인 구성이 흥미롭습니다. 세계지리 편도 있습니다.

- **북극에서 남극까지 역사 문화 자연이 한눈에 쏙 들어오는 아주아주 놀라운 세계그림지도**
  젠 그린 지음, 크리스티안 엥겔 그림, 김현희 옮김, 김원수 감수 / 사파리 / 2015 / 19,800원
  3학년부터 6학년까지 초등학교 사회 과목을 한눈에 파악할 수 있는 세계그림지도책입니다. 어린이들이 그림지도를 통해 전 세계의 지리, 역사, 문화, 경제, 사회, 자연을 통합적으로 배울 수 있도록 엮었습니다. 단순한 지리 공부에서 끝나는 것이 아니라 인문과 자연과학 지식 등을 지도 위에서 살펴볼 수 있도록 구성했습니다. 세상에 대한 호기심과 사회 현상을 바라보는 넓은 시각을 가질 수 있도록 도와줄 것입니다.

- **MAPS**
  알렉산드라 미지엘린스키·다니엘 미지엘린스키 지음, 이지원 옮김 / 그린북 / 2017 / 29,000원
  폴란드의 인기 그림책 작가 부부가 3년에 걸쳐 그린 대형 지도 그림책입니다. 세계 42개국의 지도에 명물과 명소가 빼곡하게 들어찬 일러스트가 압권입니다.
  - **흥미 포인트:** 페이지를 자유롭게 넘겨서 재미있어 보이는 부분부터 봐도 좋습니다.

- **흥미 포인트**: "이런 데에 우주인이랑 UFO가 다 있네!", "뉴욕에는 자유의 여신상이 있구나. 노란 택시도 유명해"처럼 아이들에게 말을 걸어주세요.

- ### 지구본 세계여행
  박수현 지음 / 책읽는곰 / 2014 / 18,000원
  지구본을 돌리면서 지구에서 가장 커다란 나라와 작은 나라는 어디인지, 인구가 가장 많은 나라와 적은 나라는 어디인지, 물가가 비싼 나라, 군사비를 많이 쓰는 나라는 어디이며 지구 곳곳 어디에 소중한 문화유산이 흩어져 있는지에 대해 이야기를 나눈다면 아이들은 훨씬 더 흥미롭게 지구본을 가까이 할 거예요.

- ### 내가 만든 지구
  제럴드 젠킨스 지음, 막달렌 베어 그림, 구둘래 옮김 / 문학동네어린이 / 2006 / 5,800원
  평면의 종이를 이용해 구로 된 지구를 어떻게 만들까요? 특별한 도법으로 그려진 전개도를 칼과 가위로 오리고 풀로 붙이면 72면체의 지구본이 탄생합니다. 직접 만든 지구본을 돌려보면서 자신이 살고 있는 곳을 찾아 짚어보세요.

- ### 온 세상 사람들
  피터 스피어 지음, 이원경 옮김 / 비룡소 / 2009 / 11,000원
  세상에는 피부가 흰 사람도 있고 검은 사람도 있습니다. 이 세상 사람들은 모두 다르고, 차별을 받아서는 안 된다는 사실을 다정한 말로 설명해줍니다.

- ### 지구마을 어린이 리포트
  김현숙 지음, 이루다 그림 / 한겨레아이들 / 2008 / 10,000원
  '어린이의 삶을 통해 보는 오늘날 세계의 모습'이라는 콘셉트로 크게 전통, 인권, 사회, 환경이라는 4개 장 아래에 저마다 다른 주제로 14개 나라 이야기를 담았습니다. 우리가 살고 있는 세상을 거짓 없이 보여주고, 그 안에서 함께 생각해볼 거리를 찾아본다는 점에서 일반적인 세계 문화를 소개하는 책과 구별됩니다.

- ### 세계의 인사법
  초오 신타 지음, 김창원 옮김, 노무라 마사이치 감수 / 진선아이 / 2007 / 8,800원
  세계 각국의 인사를 비교하면서 민족성을 자연스레 알려줍니다. 인도인은 손을 모은다, 캐나다와 이누이트인은 웃는다 등 책 끄트머리에 나오는 인사에 대한 고찰도 재미있습니다.

  - **흥미 포인트**: 인사하는 방법을 읽어보고 직접 그 나라 사람처럼 인사해보세요.

- **여기가 우리 집이라면**
  자일스 라로슈 지음, 우순교 옮김 / 시공주니어 / 2012 / 9,500원
  세계 각지의 집을 정밀한 페이퍼 크라프트로 재현했습니다. 주택별로 건축 양식과 만들어진 방식 등의 정보를 간추려놓았습니다.
  - •흥미 포인트: 마지막 장의 그림을 보고 세계 지도의 어디쯤에 어떤 집이 있는지 함께 확인해 보세요.

- **다른 나라 아이들은 어떤 집에 살까?**
  니키 테이트 · 대니 테이트-스트래튼 지음, 김아림 옮김 / 초록개구리 / 2016 / 9,500원
  생활방식과 환경에 따라 여러 집의 모양이 있습니다. 바위 속을 파내 집을 만들기도 하고, 이동식 천막이 집이 되기도 합니다. 또 바뀌어가는 주거 생활에 대해서도 알려줍니다. 우리가 살고 있는 집과 세계의 집들이 어떻게 다른지 알아보고, 미래에는 어떤 집에 살지 상상해볼 수 있어요.

- **다른 나라 아이들은 무슨 놀이를 할까?**
  니콜라 베르거 지음, 이나 보름스 그림, 윤혜정 옮김 / 초록개구리 / 2016 / 11,000원
  총 21개 나라 아이들이 자주 하는 놀이를 소개합니다. 국가에 대한 간단한 설명을 먼저 하고 놀이의 이름, 놀이의 방법을 소개하지요. 오른쪽에는 그 나라 아이들이 놀이하는 모습을 그림으로 그리기도 하고, 놀이의 방법을 그림으로 소개하기도 했습니다. 놀이의 이름을 보면 생소하지만, 놀이 방법을 보면 우리나라에서 하는 놀이와 같은 것도 있습니다.
  - •흥미 포인트: 나라별 다양한 놀이를 아이와 함께 읽어보고 직접 해봅니다.

- **온 세상 국기가 펄럭펄럭**
  서정훈 지음, 김성희 그림 / 웅진주니어 / 2010 / 10,000원
  각 나라의 국기는 만들어질 때 그 나라의 상황과 종교 등에 영향을 받습니다. 그래서 비슷한 문화권의 국기는 비슷한 문양이 들어가게 됩니다. 이 책은 서로 닮은 국기를 한 자리에 모아 보여줌으로써 그 국기가 갖고 있는 역사적 사실과, 지리적인 정보 혹은 종교에 대해 설명합니다. 세계 60여 개 나라의 국기를 통해서 다양한 나라와 문화에 대해 배우고 다른 문화에 대한 이해력을 기를 수 있습니다.

- **세계일주 국기 카드 123**
  해달별 편집부 지음 / 해달별 / 2016 / 15,000원
  특별부록으로 제공되는 '벽에 붙이는 대형 세계 지도'와 '어린이여권'을 가지고 전 세계 123개국의 국기와 나라별 유익한 정보를 놀면서 배우는 국기카드입니다. 특히 123

개의 개별 국가의 국기의 뜻을 설명하는 '국기 설명'을 추가했고, 나라 이름은 알지만 그 나라가 어디에 있는지 모르는 반쪽 공부를 벗어나기 위해 대형 세계 지도를 제공해 벽에 붙여 활용할 수 있게 했습니다.

- **세계문화를 만나는 국기 카드 130**
  한국콘텐츠미디어 부설 한국진로교육센터 지음 / 한국콘텐츠미디어 / 2016 / 16,800원
  '우리나라의 반대편에는 어떤 친구가 살고 있을까?', '코알라는 어느 나라에 살까?', '대왕판다가 대표 동물인 나라는 어디일까?', '세계에서 가장 높은 산은 무엇일까?' 등의 궁금증을 전 세계 곳곳을 여행하면서 풀 수 있어요.

- **유네스코 세계유산**
  내셔널지오그래픽 편집위원회 지음, 이화진 옮김, 전국지리교사모임 감수 / 느낌이있는책 / 2011 / 14,800원
  한국의 창덕궁과 조선왕릉을 포함해 중국의 만리장성, 프랑스의 베르사유 궁전, 이집트의 피라미드 등 유네스코 세계유산 100여 곳을 선정해 소개합니다. 200여 장의 생생한 사진이 수록되어 있으며, 1997~2010년 세계유산 목록도 확인할 수 있습니다.

- **세계자연유산: 한 번은 가보고 싶은 37곳의 절경**
  일본 뉴턴프레스 지음 / 뉴턴코리아 / 2013 / 18,000원
  섬, 해안, 산호초, 계곡, 폭포, 강, 빙하, 호수, 습지, 산 등으로 이뤄진 세계 각지의 자연유산 중에서도 특히 경관이 뛰어나고 지질학과 생물학 관점으로도 중요한 37곳을 엄선해 조감도와 대표 사진, 전문가의 핵심 설명을 통해 상세히 설명합니다. 이 책의 주요 특징의 하나는 자연유산의 모습을 한눈에 바라보는 조감도와 정밀한 동식물 그림입니다. 조감도에서는 자연유산의 지형을 전체적으로 파악할 수 있으며, 동식물 그림에서는 대표적인 생물의 살아 있는 듯한 모습을 확인할 수 있습니다. 각 자연유산의 의미를 29명의 전문가가 상세하게 해설해주는 것도 이 책의 특징입니다.

- **대한민국 문화유산 VS 세계 문화유산**
  이형준 글·사진 / 시공주니어 / 2015 / 13,000원
  유네스코가 선정한 우리나라의 문화유산인 종묘, 창덕궁, 수원 화성, 불국사와 석굴암, 해인사 장경판전, 고창·화순·강화 고인돌 유적, 경주 역사유적지구, 조선 왕릉, 양동마을과 하회마을, 남한산성까지 10개의 문화유산을 자세히 살펴보면서 유사한 성격을 가진 다른 나라의 문화유산에는 어떤 것이 있고, 어떤 공통점과 차이점이 있는지를 알아봅니다.

- **얘들아, 안녕**
  소피퓌로 피에르베르부 지음, 우버 오메르 사진, 장석훈 옮김 / 비룡소 / 2004 / 16,000원
  세계 53개 나라의 가족사진이 한 권에 담겨 있습니다. 한 컷의 가족사진은 세계 여러 나라 문화에 대한 어떤 설명보다 더 많이 배우고 느끼게 합니다. 또한 사진 속 주인공 어린이들이 각자 자기 나라 말로 "안녕"이라고 인사를 건네며 편지글을 남겼습니다. 편지글에서 각 나라의 생활과 문화를 엿볼 수 있습니다. 마지막 부분에는 어린이들이 가족사진을 붙이고 편지를 써서 다른 나라 어린이들에게 우리나라를 소개하는 활동을 하도록 자리를 마련해놓았습니다.

- **지도 컬러링북**
  나탈리 휴즈 지음 / 부즈펌어린이 / 2015 / 14,800원
  전 세계를 23지역으로 나누어놓은 세계 지도로, 자신이 좋아하는 색을 지도 위에 입히는 형식입니다. 즐겁게 색칠놀이를 하면서 지도뿐만 아니라 그 지역의 문화와 동식물도 배울 수 있습니다.

- **세계의 여러 나라**
  내셔널지오그래픽 편집위원회 지음, 남혜리 옮김, 전국지리교사모임 감수 /
  느낌이있는책 / 2012 / 14,800원
  세계를 크게 지리적 위치로 나누고 지역과 국가를 작은 단위로 해서 세계 각지의 다채로운 모습을 생동감 있게 소개합니다. 엄선된 500여 장의 사진자료가 실려 있어 책을 보고 나면 세계일주를 한 듯한 느낌이 듭니다.

- **손으로 그려봐야 우리 땅을 잘 알지**
  구혜경 · 정은주 지음, 김효진 그림 / 토토북 / 2011 / 15,000원
  지도를 따라 그리고 색칠하고 스티커도 붙여보며 지도를 갖고 다양한 방법으로 놀 수 있도록 구성된 책입니다. 몇 번을 따라 그려도 쉽게 찢어지지 않는 투명한 종이와 지도에 붙이는 스티커가 부록으로 들어 있고, 지도를 그리는 페이지만 따로 묶은 별책부록도 있어 한 번 더 그려볼 수 있습니다.

- **손으로 그려봐야 세계지리를 잘 알지**
  구혜경 · 정은주 지음, 김효진 그림 / 토토북 / 2014 / 15,000원
  스스로 지도를 따라 그리고 색칠하고 스티커를 붙이는 등 다양한 활동을 할 수 있게 구성되어 있고 세계 지도를 읽는 법, 세계의 시간대, 지형과 기후 등 세계 지리 학습에 필요한 기초 정보에서부터 대륙별, 나라별 인문·자연 지리 정보가 알차게 들어 있습니다. 정성스럽게 그린 삽화와 사진 도판 등을 풍부하게 넣어 볼거리와 읽는 재미를 더했습니다.

- **글로브 박사와 떠나는 세계유산 미로 여행**
  가미야마 마스미 지음, 김정화 옮김 / 길벗스쿨 / 2016 / 13,000원
  역사적, 문화적으로 가치가 높은 유네스코 세계유산을 세밀하게 표현하고, 그 위에서 어린이들이 미로 찾기와 숨은그림찾기를 즐길 수 있도록 했습니다. 놀이책으로 재미있는 것은 물론 세계지리와 문화, 여행에 대한 정확한 지식까지 습득할 수 있는 수준 높은 그림놀이책이지요. 이 책은 작가가 한 장의 그림을 그리는 데 한 달이 걸렸다고 합니다. 철저한 자료 수집을 통해 오랜 시간을 공들여 작업한 것으로 그림책으로만 즐기기에도 손색이 없는 완성도 높은 작품입니다.

- **세계의 시장 구경, 다녀오겠습니다**
  이형준 글·사진 / 시공주니어 / 2013 / 11,500원
  전 세계의 흥미진진한 풍물시장으로 아이들을 안내합니다. 다채롭고 생생한 사진과 함께 세계 곳곳의 풍물시장을 구경 다니면서 다양한 문화를 체험해보아요.

- **세계의 시장 여행**
  테드 르윈 지음, 이선오 옮김 / 북비 / 2014 / 13,000원
  세계 오지 여행을 하며 겪은 전통을 지키며 살아가는 사람들의 이야기입니다. 울림이 있는 그림책을 만들어온 칼데콧 수상작가 테드 르윈이 이번에는 세계문화유산 도시 속에 숨어 있는 전통 시장을 찾아 나섭니다. 이 그림책에는 남아메리카 안데스의 고산지대부터 중앙아프리카의 무더운 정글까지, 펄펄 살아 숨쉬는 시장 이야기가 펼쳐집니다.

- **펼쳐라 세계지도**
  최영선 지음, 홍승우 그림 / 문학동네 / 2011 / 12,000원
  히말라야산은 왜 점점 키가 크고 있는지, 인도에는 왜 그렇게 여러 종류의 말을 하는 사람들이 함께 살고 있는 건지, 스위스는 왜 중립국을 선언했는지 등 지도를 보며 7개 대륙별로 역사 문화 지리를 풍부한 지도 자료와 재미있는 만화로 살펴봅니다.

- **나의 첫 번째 세계지도**
  안드레아 에르네 지음, 안네 에베트 그림, 이상희 옮김 / 크레용하우스 / 2017 / 20,000원
  세계 지도와 문화를 플랩북으로 만나봅니다. 우리가 사는 지구에는 많은 나라가 있습니다. 크게 나누면 여러 대륙으로 이루어졌다 볼 수 있지요. 지도를 보며 여러 나라와 대륙에 대한 정보, 기후, 문화 등을 알아봅니다. 장마다 열어볼 수 있는 정보도 많이 있습니다.

사전 리스트

연령별 국어사전: 유아

유아가 사전에 익숙해지는 데 있어 가장 중요한 점은 단어에서 영상을 떠올릴 수 있는지의 여부입니다. 따라서 유아에게는 단어가 그림으로 묘사되어 생활 속 상황과 단어의 쓰임새를 이어 생각하기 쉬운 '단어 그림사전'이 적절합니다.

● 한글 영어 그림사전

삼성출판사 편집부 지음. 장우주 그림 / 삼성출판사 / 2016 / 9,800원

이제 막 말을 배우기 시작한 아이들을 위한 첫 사전이에요. 아이가 꼭 알아야 할 필수 단어 300여 개를 동물, 음식, 탈것, 가족, 집 안 물건 등 주제별로 소개해 연상작용을 통해 풍부한 어휘력을 키울 수 있어요. 우리말과 동시에 영어단어도 함께 표기되어 있어 첫 영어 학습에도 좋아요.

- **흥미 포인트:** 일러스트로 표현된 상황을 아이에게 흉내 내게 한 다음 "아이고, 잘하네!" 하고 칭찬해주면 good!
- **흥미 포인트:** '비교하다', '반복하다' 등의 동사나 '즐겁다'와 같은 형용사를 유아에게 설명하기란 어렵습니다. 그럴 때 사진이나 그림으로 단어의 뜻을 설명해놓은 그림사전을 보여주면 아이가 쉽고 빠르게 이해할 수 있습니다.
- **말 걸기 포인트:** "'비교한다'는 건 이런 거야."
- **말 걸기 포인트:** "○○이도 열이 났을 때 힘들었지?"

연령별 국어사전 : 유아에서 초등학교 저학년까지

이 시기에는 그림사전과 본격적인 사전의 다리 역할을 하는 사전이 필요하지만 수록된 어휘의 양이 적기 때문에 어른용 사전과 함께 사용해야 합니다. 사전을 찾는 행위에 익숙해지기 위한 도구로 생각하고 활용하는 게 좋습니다.

- **나의 첫 국어사전**
  채인선 책임집필·편집 / 초록아이 / 2008 / 19,500원
  사전을 처음 접하는 어린이들의 눈높이에 꼭 맞춘 국어사전입니다. 마치 동화책을 읽는 것처럼 술술 읽어내려가며 단어를 배울 수 있습니다. 어려운 한자어 대신 이해하기 쉬운 우리말을 사용해 1,400여 개의 표제어를 정감 있게 설명하고, 아이들의 일상생활을 소재로 예문을 만들었습니다. 부록에는 동음이의어, 단위명사, 의성어, 의태어, '국어사전과 놀아요'와 그림 색인이 실려 있습니다.
  - **흥미 포인트:** 책머리에 나오는 '사용하는 법', '특징'을 미리 읽어두면 더 깊게 이해하고 즐길 수 있습니다.

연령별 국어사전 : 초등학교 중학년 이상

이 시기에 사전을 고를 때는 단어 하나를 정한 뒤 여러 종의 사전을 뒤져 해당 단어를 찾아보세요. 그리고 아이가 가장 쉽게 이해한 설명이 나오는 사전을 골라 구입하면 됩니다.

- **국어가 좋아지는 국어사전**
  오성균 지음, 류미선 그림 / 킨더랜드 / 2016 / 14,800원
  현직 교사가 고르고 풀이한 교과서 단어들을 가나다순으로 정리했습니다. 낱말이 한자어인 경우에는 해당 한자와 음과 뜻을 알려줘 낱말의 뜻을 정확하게 이해할 수 있도록 했고, 쉬운 풀이와 그림 설명, 다양한 예문 제시를 한눈에 보기 쉽게 하고, 어린이들이 사전을 찾는 즐거움과 함께 낱말의 뜻을 이해하고 활용할 수 있도록 했습니다.

- **흥미 포인트:** 183쪽의 경우 "참견의 참자가 끼어들 참이구나", "한자를 알면 말뜻을 이해하기 쉽겠네" 식으로 아이의 이해를 도우세요.
- **흥미 포인트:** '뽀로통해지다'나 '부아가 치민다' 등의 말을 몸으로 표현하게 하면 아이가 무척 즐거워합니다.
- **주목 포인트:** 관용구는 표제어로 찾을 수 있습니다. 그 표제어가 '어디에 있는지' 아이에게 가르쳐주세요. 예를 들어 '발이 넓다'는 '발'이라는 표제어로 찾으면 됩니다. 그리고 이 시기에는 아이가 숙제를 하거나 독서를 하며 각종 정보를 접할 때 "모르는 말이 나올 때를 대비해서 사전도 옆에 놔둘게" 혹은 "바로 뜻을 알 수 있으면 편하잖아" 등의 말을 건네서 아이가 자연스럽게 사전을 찾아볼 수 있게 유도하는 것이 좋습니다. 그러면 아이는 어떤 때 사전을 쓰면 되는지 자연스럽게 깨닫게 됩니다. "직접 찾아보렴" 하고 말하는 것보다 이 방법이 몇 배는 효과적이니 꼭 기억했다가 시도해보세요.

● **보리 국어사전**

토박이 사전 편찬실 지음, 윤구병 감수 / 보리 / 2015 / 60,000원

2015년 1월 현재 쓰이는 초등학교 교과서 속 낱말을 가장 충실하게 반영한 사전입니다. 문화재, 동식물 이름뿐만 아니라 2013년에 바뀐 정부 부처와 여러 나라에 대한 정보도 최근 것으로 실었습니다. 20여 년간 보리에서 만든 여러 종류의 도감에 실린 정보가 고스란히 담겨 있어 도감을 보는 듯한 재미가 있고, 단어를 활용한 예문이 일상적이어서 동화책을 보듯이 늘 가까이에 두고 보면 저절로 정확하고 고급스러운 어휘를 구사하게 됩니다. 보리 사전은 개인적으로 초등학교 입학 선물로 추천하고 싶습니다.

● **보리 국어 바로쓰기 사전**

남영신 편저 / 보리 / 2017 / 80,000원

'부스스한 머리'일까, '부시시한 머리'일까? '알맞은'이 맞을까, '알맞는'이 맞을까? '김치를 담다'일까, '김치를 담그다'일까? '당부'와 '부탁'의 차이는 무엇일까? '즐겁다'와 '기쁘다'는 어떻게 다를까? 이 사전은 우리가 흔히 쓰는 말 중에서 틀리게 쓰는 줄도 모르고 틀리게 쓰는 말, 동사와 형용사의 활용형을 잘못 쓰는 말, 다른 말과 헷갈려 잘못 쓰는 말을 제대로 쓸 수 있게 도와줍니다. 틀린 낱말도 올림말로 올려서 바른 올림말과 비교하고 왜 틀렸는지를 설명해줘서 사람들이 손쉽게 상황에 알맞은 말을 골라 정확하게 쓸 수 있도록 이끌어주는 아주 요긴한 사전입니다.

● **난 낱말사전이 좋아!**

프랑수아즈 부셰 지음, 송아리 옮김 / 파란자전거 / 2012 / 10,900원

언어의 기초 표현 단계인 낱말을 활용해 재미있는 말놀이를 할 수 있도록 구성된 활동서입니다. 아이들이 조금씩 말문이 트이면서 말하게 되는 다양한 낱말들은 세상을 이해하는 가장 기본적인 언어 단위이기도 합니다. 낱말을 익히다 보면 독서에 대한 흥미도 조금씩 높아집니다. 기상천외한 놀이, 종이접기, 바르고 만들기, 상상력 펼치기 등

을 통해 낱말을 활용하면 여러 가지 낱말들과 친해질 수 있어요. 재미있고 유쾌한 낱말놀이 책을 완성하며 아이들의 언어 감각도 함께 발달합니다.

● **신통방통 국어사전 찾기**
박현숙 지음, 문채영 그림 / 좋은책어린이 / 2012 / 8,500원
아이들에게 국어사전을 사용해야 하는 이유부터 국어사전을 쓰기 전에 알아야 할 점, 국어사전을 직접 사용해보기 등 순차적인 단계를 통해 아이들이 직접 국어사전을 쉽고 빠르게 사용할 수 있도록 도와줍니다. 이 책을 읽은 아이들은 이야기 속 주인공과 함께 재미있게 학습하면서 어휘와 국어에도 자신감을 가지게 될 것입니다.
- **흥미 포인트:** 49쪽의 경우 내용을 읽고 기본형을 만들어보세요.

● **재고 세고!**
박남일 지음, 문동호 그림 / 길벗어린이 / 2007 / 11,000원
섬세하고 재미있는 우리말의 아름다운 세계를 잘 보여줍니다. 수와 양을 나타내는 우리말을 길이나 양, 수와 나이, 시간과 날짜를 재고 세는 말들로 나누어 끼리끼리 묶었습니다.
- **흥미 포인트:** 13쪽의 경우 요리할 때 적용해서 이야기해보세요.

● **뜨고 지고!**
박남일 지음, 김우선 그림 / 길벗어린이 / 2008 / 12,000원
자연 속에 숨어 있는 우리말을 찬찬히 살펴봅니다. 예부터 환경을 거스르지 않고 더불어 지내온 우리 민족에게는 자연과 관련된 말이 많습니다. 자연현상을 표현하는 다채로운 우리말을 해·달·별, 바람과 구름, 비와 눈, 들·강·바다로 나누어 끼리끼리 묶었습니다. 섬세하고 재미난 우리말과 어울리는 맑은 그림도 함께 자리했습니다. 알면 알수록 고운 우리말의 멋을 느끼는 시간이 될 것입니다.
- **흥미 포인트:** 45쪽의 경우 '바윗돌 깨뜨려 돌덩이~' 노래를 부르며 읽어보세요.

● **지지고 볶고!**
박남일 지음, 김우선 그림 / 길벗어린이 / 2013 / 11,000원
우리 밥상과 관련된 우리말 사전입니다. 밥상의 주인인 밥과 관련된 낱말, 밥상을 부르는 말, 떡과 관련된 말, 김치, 나물, 구이, 맛 등 다양한 말들을 끼리끼리 묶어서 그 뜻과 쓰임을 가르쳐줍니다. 밥을 짓는 데도 쌀을 일고 안치고 뜸을 들이는 과정이 있고, 각각의 상황을 일컫는 말이 따로 있답니다. 다양한 우리 우리말의 세계를 알고 표현력을 키우는 데 큰 힘이 되어줄 책입니다.

- **도대체 뭐라고 말하지? : 우리말의 숫자와 시간**
  김성은 지음, 이경석 그림, 박대범 감수 / 한솔수북 / 2013 / 11,000원
  '첫돌, 환갑, 칠순'처럼 특별하게 부르는 나이부터 '정월, 동짓달, 섣달'처럼 특별하게 부르는 달의 이름까지 우리말에 있는 나이와 숫자, 날짜와 시간 그리고 때를 나타내는 어휘 표현을 재치 있는 그림과 이야기로 알기 쉽게 설명해줍니다. 우리말 전문가의 감수를 거쳐 보다 정확하고 명료한 우리말 표현을 선별해 담았습니다.
  - **흥미 포인트**: 40쪽의 경우 우리말 퀴즈로 낱말 퍼즐을 완성해보세요.

- **도대체 뭐라고 말하지? : 교과서 속 비슷한 말, 높임말**
  서지원 지음, 현태준 그림, 박대범 감수 / 한솔수북 / 2015 / 11,000원
  초등 1~2학년과 3학년 국어 교과서에서 헷갈리기 쉬운 35여 개 어휘를 뽑았습니다. 소리는 같지만 뜻이 다른 말, 여러 가지 뜻이 있는 말, 헷갈리기 쉬운 비슷한 말, 높임말과 높임말을 쓰지 않는 경우까지 우리말 전문가의 감수를 거쳐 다양한 어휘를 쉽고 재미있는 만화식 설명으로 담았습니다.

- **도대체 뭐라고 말하지? : 알쏭달쏭 관용 표현**
  곽영미 지음, 김무연 그림, 박대범 감수 / 한솔수북 / 2015 / 11,000원
  일상생활에서 흔히 사용하지만 아이들에게는 알쏭달쏭한 우리말 표현을 재치 있는 이야기와 그림으로 알려줍니다. 이 책을 통해 유치원부터 초등학교 아이들의 우리말 어휘력과 표현력을 키우고, 더 나아가 실생활에서도 야무지게 활용할 수 있습니다.

연령별 국어사전: 초등학교 고학년부터

초등학교 고학년부터는 고등학교 수준까지 활용할 수 있는 사전을 접하게 해주세요. 이 정도 수준의 사전은 문장을 깊이 이해하거나 언어 감각을 키우는 데 적합합니다. 만약 아이가 사전에 관심이 있으며 충분히 찾아보기를 원한다면 어른용 사전을 건네주세요.

- **10대와 통하는 새롭게 살려낸 우리말**
  최종규 지음, 강우근 그림, 숲노래 기획 / 철수와영희 / 2015 / 14,000원
  20년 동안 우리말 지킴이로 일하며 이오덕 선생님의 유고와 일기를 정리한 최종규가 청소년 눈높이에 맞추어 쓴 한국말 이야기입니다. 151가지 주제 글을 통해 서양 말투나 번역 말투, 일본 말투에 물들어 잘못 쓰는 한국말에 대해 쉽게 알려줍니다.

- **초중 교과 속뜻학습 국어사전**
  전광진 편저 / LBH교육출판사 / 2010 / 45,000원
  초등학교 학습용 어휘 2만 8천 개를 실었습니다. 국어사전이면서도 한영사전, 한한사전, 한자자전 기능도 겸하고 있습니다. 속뜻풀이로 이해를 도와 어휘력을 향상시켜줍니다.

- **공부가 되는 재미있는 어휘사전**
  글공작소 지음 / 아름다운사람들 / 2012 / 14,000원
  아이들이 일상에서 어휘력을 확장시키고 사고력을 키워나가는 데 반드시 알아야 할 교양 어휘와 시사 어휘가 함께 어우러져 있습니다. '머피의 법칙'과 '샐리의 법칙'처럼 서로 반대되는 뜻을 가진 어휘를 같이 묶어 설명하기도 하고, '스핑크스'와 '오이디푸스'처럼 서로 관련 있는 어휘들을 함께 설명하는 등 모든 어휘들이 서로 짝을 이루고 있어 비슷한 어휘는 물론 그 배경지식과 연관 어휘까지 함께 익힐 수 있습니다.

- **엣센스 국어사전**
  민중서림 편집부 지음 / 민중서림 / 2015 / 49,000원
  16만여 표제어를 수록하고 있어 학생부터 성인까지 두루 사용하기에 적당합니다.

한자사전

● **마법천자문 3D TV 애니메이션 한자 그림책: 타 올라라! 불 화!**
신연미 지음, ㈜지엔지엔터테인먼트 그림 / 아울북 / 2013 / 12,000원
유아들을 위한, 한자가 저절로 기억되는 이미지 학습 그림책입니다. '마법천자문 3D TV 애니메이션' 중에서도 1~7화의 내용을 압축, 최고의 명장면만을 뽑아 구성한 책으로 재미있는 이야기를 읽으면서 재미있고 자연스럽게 16개의 한자를 익힐 수 있습니다.

● **어린이 첫 그림한자사전 1단계**
 어린이 첫 그림한자사전 2단계
한자교재개발팀 지음 / 글송이 / 각 10,000원
그림으로 배우는 한자사전. 생활에서 자주 쓰는 한자 163자를 모았어요. 1단계 수록 한자와 합하면 8~6급의 한자와 그 밖에 꼭 알아야 할 한자까지 모두 포함되지요. 친숙한 그림으로 쉽게 설명되어 있어 어려운 한자도 재미있게 익힐 수 있어요.

● **개념 잡는 초등 한자사전**
백승도·양태은 지음, 우지현 그림 / 주니어김영사 / 2009 / 20,000원
한자 원래 모습에서 왜 한자가 그런 뜻을 가지게 되었는지, 다양한 의미의 갈래가 어떻게 파생되었는지를 자원(字源)을 통해 설명합니다. 같은 모양을 공유하는 글자들을 함께 익힐 수 있도록 뭉치로 모아놓았으며, 이 뭉치들을 잘 살펴보면 의미도 함께 공유한다는 사실을 알게 됩니다. 그렇게 되면 자연스럽게 아직 배우지 않은 다른 한자의 의미와 음까지 쉽게 유추해볼 수 있습니다.

● **달력에서 배우는 교과서 한자**
윤재민·김정숙·김영옥 지음 / 생크림 / 2016 / 12,000원
우리가 매일 보는 달력 안에도 무수히 많은 한자들이 숨어 있지요. 한자만 잘 알아도 기념일에 얽힌 비밀들이 술술 풀립니다. 또 이 책은 각 내용과 관련된 풍부한 도판 자료를 수록해 아이들의 이해를 돕습니다.

● **상식발전소 찌릿찌릿 한자**
최승필 지음, 박기종 그림 / 소담주니어 / 2016 / 9,800원
사자성어와 생활 속에 숨어 있는 한자들을 재미있는 만화와 글로 풀어냈습니다. 상황에 따라 숨어 있는 한자를 친구들과 함께 찾으며 한자의 매력을 알아갑니다.

- **동네에서 한자 찾기: 말하는 개 삼년이**
  서보현 지음, 이광익 그림 / 스콜라 / 2016 / 11,000원
  재미있는 이야기를 통해 주변에서 쉽게 볼 수 있는 단어를 한자로 풀어보고 뜻을 알 수 있도록 구성한 저학년용 한자 학습서입니다. 일방통행, 진입 금지, 주차 금지와 같이 도로에 쓰인 글자, 동네 간판의 글자, 시장, 지하철 등 모두 쉽게 가는 장소에 얽힌 글자이지요. 한자 어휘 쓰기노트가 부록으로 제공되어 직접 써보며 활용하기 좋습니다.
  - **흥미 포인트:** 142쪽의 경우 "'할인'도 한자어구나. 엄마도 몰랐네, 처음 알았어"라고 솔직하게 대화를 나누세요.

- **생활한자 공부사전: 초급에서 고급까지 부수별로 익히는**
  김성일·박충순 지음 / 시대의창 / 2007 / 16,500원
  초급에서 고급, 8급에서 1급까지 자연스럽게 부수별로 흐름에 따라 익힐 수 있는 한자 학습서로 가나다순으로 편집해 각각의 글자에 해당하는 한자를 나열하기보다 부수별로 분류, 동일한 부수에 속해 있는 한자들을 집중적으로 익히도록 했습니다.

- **손바닥 한자카드**
  손바닥공간 편집부 지음 / 손바닥공간 / 2011 / 22,000원
  한자능력검정시험 8~5급 대비자, 유아 및 초등학생들을 위한 손바닥 한자카드입니다. 총 500장이며 한 장의 카드에 한자, 음훈, 부수, 용례, 획순과 함께 관련 그림이 있어 이해하기 쉽습니다.

- **사자성어로 만나는 네 글자 세상**
  손은주 지음, 조선경 그림 / 시공주니어 / 2008 / 10,000원
  각 장마다 하나의 사자성어를 소개한 후에 생활 속에서 직접 겪을 만한 상황을 소개해 그 쓰임을 알게 해줍니다. 사자성어와 관련된 문학작품이나 옛이야기를 소개하는 '이야기 속 사자성어', 관련된 또 다른 사자성어와 그 유래 및 유사어 등을 소개하는 '사자성어 하나 더!' 코너를 두었습니다.
  - **흥미 포인트:** 59쪽의 경우 "주경야독과 비슷한 말에는 형설지공이 있네" 식으로 비슷한 말 찾기를 해보세요.

- **속담왕 대 사자성어의 달인**
  김하늬 지음, 주미 그림 / 뜨인돌어린이 / 2008 / 9,000원
  속담골을 배경으로 태백이와 홍익이가 벌이는 좌충우돌 사건들 속에서 자연스레 사자성어를 익힐 수 있도록 했습니다. 이야기 속에 상황에 맞는 사자성어를 녹여놓고, 한 번 더 의미를 짚어주는 방식을 택했습니다.

- **내가 쓰고 싶은 말이 다 있는 한자일기 표현사전**
  넥서스 사전편찬위원회 지음 / 넥서스아카데미 / 2013 / 19,500원
  많은 한자들을 빨리 체득하고 잊어버리지 않는 가장 효과적인 학습 방법은 바로 한자어 사용을 일상화하는 것입니다. 특히 한자어로 일기를 쓰면서 한자를 익히면 자신이 표현하고 싶은 한자어를 사용한 것이므로 기억에 더욱 오래 남아요. 예문에 있는 한자 중에서 '한자능력검정시험'의 공인급수 4급부터 특급에 해당하는 한자는 그 음과 훈, 공인급수를 예문 바로 옆에 정리해 시험에도 대비할 수 있도록 했습니다.

- **학습자를 위한 한국어 유의어 사전**
  조민정 · 봉미경 · 손혜옥 · 전후민 지음 / 박이정 / 2013 / 14,000원
  유의어들의 뜻을 풀이하고, 각 어휘의 쓰임새를 예문을 통해 밝혀 유의어를 상황에 맞게 쓰는 법을 제시했습니다. 또한 유의어들이 공유하는 공통 의미와 차이 의미를 구분해서 제시해 학습자들이 유의어의 관련성과 차이점을 스스로 파악할 수 있어요.

- **속담사전**
  이기문 · 조남호 지음 / 일조각 / 2014 / 38,000원
  수록된 속담의 양과 해설이 풍부하며, 속담을 한문으로 수록한 옛 문헌의 내용들을 충실히 인용하고 있습니다. 또 각 속담에는 비슷한 의미의 속담과 한문 속담이 함께 제시되어 있으므로 관련 속담도 한눈에 파악할 수 있어요.

- **마법천자문 초등 속담사전**
  스토리나인 지음, 임성훈 외 그림 / 아울북 / 2013 / 18,000원
  약 500개의 속담을 아이들에게 소개하고 어휘력과 읽기 능력까지 같이 향상시킬 수 있는 속담사전입니다. 아이들에게 선풍적인 인기를 끌었던 마법천자문 속 캐릭터들을 통해 보다 쉽고 친근하게 속담을 익힐 수 있습니다.

- **국어 실력에 날개를 달아주는 우리말: 관용구**
  문향숙 지음, 정우열 그림 / 계림북스 / 2014 / 9,500원
  135개의 관용구를 4개의 주제로 나누고 각 관용구의 쓰임새를 재미있게 이해할 수 있도록 간단한 이야기와 재치 있는 그림으로 풀었어요. 국어 교과서에 수록된 관용구는 따로 표시해놓았고, 각 관용구와 더불어 꼭 알아야 하는 비슷한 말과 반대말, 관련된 속담도 실었습니다.

- **개념 잡는 초등교과 어휘사전**
  신경식 지음, 우지현 그림 / 주니어김영사 / 2010 / 20,000원
  초등학교 교과서에 나오는 어휘를 알기 쉽게 풀어주는 책입니다. 교과서에 사용된 용어 중에서 자주 등장하는 한자어를 뽑아 입말체로 정의해 어린이들의 눈높이에 맞추어 꼼꼼하게 풀어서 설명했습니다. 과목별로 찾아보기, 학년별로 찾아보기 등 필요에 따라 어휘 찾는 방법이 나뉘어 있어서 더욱 효과적입니다.

일러두기

일본어판 책에는 저자가 추천한 추천도서가 수록되어 있습니다. 그 도서들 중에는 국내에 번역 출판된 책이 있는가 하면, 국내 독자들은 모르는 일본책이 다수 있습니다. 국내 독자들의 이해를 돕고 실질적으로 도움을 드리기 위해 저자가 추천한 도서들은 빼고, 책으로 두 아들을 훌륭히 키워낸 책쟁이엄마가 추천한 도서들을 간략한 설명과 함께 실었습니다. 책쟁이엄마가 추천한 도서들의 자세한 설명과 지도 방법이 알고 싶은 분은 부록을 참고하세요.

거실 공부의 마법

초판 7쇄 발행 2019년 12월 26일

지은이 오가와 다이스케
옮긴이 이경민
펴낸이 박영선
편집주간 조경희
편집진행 장도영 프로젝트
영업관리 박영선
온라인 마케팅 다케터(박승희)
표지디자인 디자인올
본문디자인 및 전산편집 조수영
일러스트 신동민
인쇄 소프티안

펴낸곳 ㈜에이스컨프로
출판등록 2015년 10월 21일 제2015-000279호
주소 서울 강남구 선릉로 513, 9층
내용 및 구입 문의 02-529-7299
팩스 070-8118-1299
이메일 keystonebook@gmail.com
홈페이지 www.keystonebook.co.kr

ISBN 979-11-960127-4-8 13590

이 책의 한국어판 저작권은 BC에이전시를 통한 저작권자와의 독점 계약으로 키스톤에 있습니다.
저작권법에 의해 한국 내에서 보호를 받는 저작물이므로 무단전재와 복제를 금합니다.

키스톤은 ㈜에이스컨프로의 단행본 브랜드입니다.